Gilgamesch-Epos

Illustrationen
von August Ohm

GILGAMESCH-EPOS

Illustrationen
von August Ohm

Mit einem Vorwort
von
Hanns Theodor Flemming

Deutscher Kunstverlag
München Berlin 1995

Druck der Texte nach: »Das Gilgamesch-Epos«, 8. Auflage,
rhythmisch übertragen von Hartmut Schmökel.
Verlag W. Kohlhammer, Stuttgart 1992.
Die eckigen Klammern bedeuten eine Wiederherstellung
der Vorlage, die runden Klammern dienen der
Kenntlichmachung der Einfügungen des Übersetzers.

Fotonachweis
Alle Aufnahmen von Petra Stange, Hamburg

Die Deutsche Bibliothek – CIP-Einheitsaufnahme

Gilgamesch-Epos / Ill. von August Ohm. Mit einem Vorw. von
Hanns Theodor Flemming. - München ; Berlin :
Dt. Kunstverl., 1995
Einheitssacht.: Gilgamesch <dt.>
ISBN 3-422-06171-1
NE: Ohm, August [Ill.]; EST

Lektorat
Elisabeth Motz

Herstellung
Anette Klinge

Satz und Reproduktion
Utesch Satztechnik, Hamburg

Umschlagreproduktion
Lanarepro, Lana (Südtirol)

Druck
Hofmann Druck, Augsburg

Bindung
Großbuchbinderei Monheim, Monheim

INHALT

Vorwort
7

Epos
13

Katalog
73

Biographische Notizen
110

Ausstellungen
111

Im Schaffen von August Ohm sind Motive aus Mythos und Dichtung mit Elementen aus dem IMAGINÄREN MUSEUM der Kunstgeschichte zu ganz eigenen bildnerischen Ausdrucksformen verschmolzen. Von biblischen Themen aus der APOKALYPSE, denen er seinen ersten bibliophilen Bildband aus dem Jahre 1977 widmete, bis zu Illustrationen oder Paraphrasen zu Flauberts HERODIAS, Baudelaires FLEURS DU MAL, Rimbauds Gedichten und den HYMNEN AN DIE NACHT von Novalis, deren Bilderfolge das Novalis-Museum im Geburtshaus des Dichters im Schloß Oberwiederstedt erwarb und 1993 von der Forschungsstätte für Frühromantik in Buchform veröffentlicht wurde, reicht die Spannweite seiner bildnerischen Schöpfungen. Was alle diese Werke miteinander verbindet, ist nicht nur eine ungewöhnliche Subtilität der malerisch-zeichnerischen Gestaltung, die nicht zuletzt aus profunden kunsthistorischen und literarischen Kenntnissen resultiert, sondern auch das Bekenntnis zu einer absichtsvollen Ästhetik, die das »schöne Bild« als Programm einer von vermeintlich aktuellen Strömungen unabhängigen neuen Darstellungsform fordert und verwirklicht.

Das Gilgamesch-Epos, dem Ohm seinen neuen Zyklus von 17 Illustrationen und außerdem einen Bronze-Torso des Helden sowie eine fast lebensgroße Pan-Figur als Entsprechung des Naturgottes Chuwawa widmet, gilt als ältestes Epos der Menschheit und ist vermutlich in Uruk, der mauerumsäumten Hauptstadt und Festung der Sumerer, im unteren Mesopotamien während der frühdynastischen Zeit in der ersten Hälfte des 3. Jahrtausends v. Chr. entstanden. Die sumerische Legende wurde uns dann in einer späteren Fassung in akkadischer Sprache auf Tontafeln in Keilschrift überliefert, auf denen die Abenteuer des sagenhaften Königs berichtet werden, der als strahlender Held bezeichnet wird: »an Männlichkeit schön, zwei Drittel Gott und nur ein Drittel Mensch«. Das Epos schildert seinen unentschiedenen Kampf mit dem Naturmenschen Enkidu, der später sein engster Freund und Gefährte wird. Gemeinsam erlegen sie das Ungeheuer Chuwawa im Zedernwald und auch den gottgesandten Himmelsstier. Als Enkidu schließlich nach Traumvorahnungen stirbt, macht sich Gilgamesch, von Schmerz und Trauer um den geliebten Freund überwältigt, auf die Suche nach dem ewigen Leben. Im Höllengrund am Ende der Welt begegnet er unheimlichen Gestalten, um letztlich das Leben, das er suchte, doch nicht zu finden und den toten Freund nicht wieder zurückzuholen. »Als die Götter die Menschen schufen, teilten sie den Tod den Menschen zu« lautet das bis heute gültige, nahezu existentialistische Fazit am Schluß der Geschichte.

Blatt 1   Auf seinem ersten Blatt zeigt Ohm den Heldenkönig Gilgamesch als Halbgott und zugleich Erbauer einer urbanen Hochkultur, in der sich der Mensch weit über seine animalischen Ursprünge hinausentwickelt, seine Umwelt verändert und, sich seiner Zeitlichkeit bewußt werdend, dauerhafte Denkmäler errichtet. Als Kontrastfigur erscheint auf dem *Blatt 2* zweiten Blatt der naturhafte »Tiermensch« Enkidu, den eine Dirne aus seiner Naturwelt herauslockt und bei einem sechs Tage und sieben Nächte währenden Liebeslager in einen ansehnlichen Menschen verwandelt. »*Da zeigte die Dirne dem Enkidu ihre Brüste*« lautet der Titel der Darstellung. Die humorvolle Seite dieses »Kulturschocks« bildet *Blatt 4* das Thema der vierten Illustration mit dem Titel »*Nicht wußte Enkidu, was Brot war und wie man es zu essen pflegt*«. Bevor Gilgamesch Enkidu begegnet, erscheint ihm im Traum ein zuverlässiger Freund und Gefährte, von dem es heißt: »*Nie wird er Dich verlassen*« – so *Blatt 3* auch der Titel der voraufgegangenen dritten Illustration. Blatt 5 schil*und 5* dert den folgenden Ringkampf zwischen Gilgamesch und Enkidu am Stadttor von Uruk, der dann ganz plötzlich abbricht. Denn Gilgamesch erkennt in Enkidu den ihm im Traum erschienenen Freund, »*... und er ließ von ihm ab*« – so auch der Bildtitel. »Sie küßten einander und schlossen Freundschaft« endet der Bericht der Legende über den friedlich ausgegangenen Kampf.

     Die neuen Freunde ziehen nun gemeinsam in den Zedernwald, um den dämonischen Waldgott Chuwawa aufzuspüren, den Ohm auf *Blatt 6* Blatt 6 mit Geweih darstellt – ähnlich wie auf seiner großen Bronzefigur »*Pan*« von 1989. »*Sie standen still und blickten auf den Wald*« *Blatt 7* lautet der Titel des folgenden Blattes. Nachdem Gilgamesch und Enkidu gemeinsam Chuwawa erschlagen haben, legt Gilgamesch nun auch *Blatt 8* die Axt an die heilige Zeder (Blatt 8) – für Ohm Symbol einer prototypischen Auseinandersetzung zwischen den Kräften der Natur und der voranschreitenden Zivilisation.

     Nach der Vernichtung des Chuwawa beleidigt Gilgamesch die Liebesgöttin Ischtar, indem er ihre zerstörerische, den Menschen verwan*Blatt 9* delnde Kraft anprangert. Auf der neunten Illustration erscheint Ischtars rosiger Torso umgeben von ihren in Hunde, Hirsche und Löwen verwandelten Liebhabern. Schließlich töten Gilgamesch und Enkidu *Blatt 10* auch noch den Himmelsstier, was auf Blatt 10 angedeutet wird. Die Herausforderung der alten Naturgötter muß nun aber nicht der als Halbgott geschützte Gilgamesch büßen, sondern sein Freund Enkidu, der auf der folgenden Darstellung in Gestalt einer vom Adler zer*Blatt 11* fleischten Taube sein Ende vorausahnend träumt (Blatt 11 – »*Enkidus zweiter Traum*«).

Pan
Bronze,
Höhe 160 cm
Gießer Barth,
Rinteln
1988/89

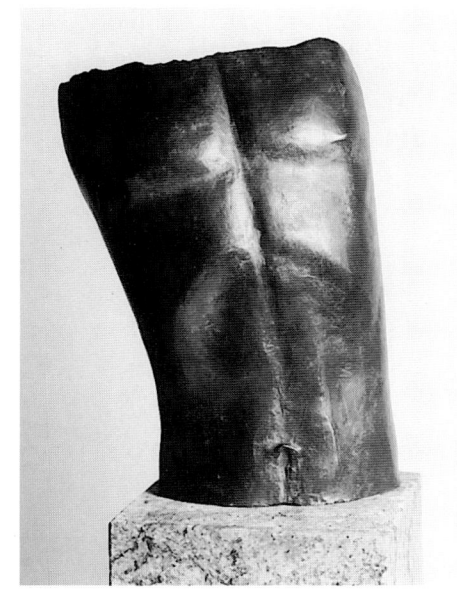

Gilgamesch
Bronze,
Höhe 26 cm
Gießer Barth,
Rinteln 1990

Blatt 12

Blatt 13

Blatt 14

*Blatt 15
und 16*

Blatt 17

Der Tod Enkidus versetzt Gilgamesch in tiefe Trauer, wie auf Blatt 12 mit dem Titel »*Ich war Dir Vater und auch Mutter, Freund*« geschildert wird. Dann versucht er, seinen verlorenen Gefährten wenigstens in einem Bildnis zurückzuholen, indem er einem Künstler zuruft: »*Ein Abbild meines Freundes schaffe mir*« (Blatt 13). Verzweifelt begibt sich Gilgamesch nun auf die Suche nach dem verlorenen Enkidu. Dabei durchquert er die Wüste und trifft auf der Schwelle zwischen Himmelsschale und Höllengrund die »Skorpionsmenschen«, deren »Furchtbarkeit ungeheuer ist«, wie es im Epos heißt, und die bei Ohm auf Blatt 14 »*am Bergtor wachen*«. Der folgende Bericht Urschanabis von der Überfahrt über die Todeswasser nimmt den antiken Mythos vom Fährmann Charon über den Styx vorweg, der Weg von Gilgamesch in die Unterwelt auf der Suche nach Enkidu die griechische Legende von Orpheus und Eurydike, und in Utnapischtims Erzählung vom Niederströmen des Himmelsozeans ist der biblische Bericht von der Sintflut vorgeprägt (Blatt 15 »*Gilgamesch und Urschanabi*« und Blatt 16 »*Der mächtige Erra aus Utnapischtims Sintflutbericht*«). Die vergebliche Suche Gilgameschs endet mit der resignierenden Erkenntnis, daß er Enkidu nicht wieder ins Leben zurückholen kann, wie er am Schluß auf Blatt 17 ausruft: »*Nenn mir des Hades Ordnung, die Du schautest!*«

Den Verlust des Freundes Enkidu, der im Epos als »Tiermensch« bezeichnet wird, deutet Ohm in seinen Anmerkungen zur Gilgamesch-Folge als den Verlust der Einheit zwischen Mensch und Natur, die Suche nach dem verlorenen Freund als eine Suche nach dem Sinn des Lebens. »Die Großtat urbaner Bauleistungen steht beispielhaft für die frühe Hochkultur im Zweistromland und im Kontrast zur vorzivilisatorischen naturhaften Welt, aus der Enkidu stammt«, erläutert der Künstler, »Gilgamesch versucht, durch bleibende Bauwerke und durch ein Abbild des verstorbenen Freundes den Tod, die Sterblichkeit zu überwinden, aber trotz verzweifelter Bemühungen gelingt es ihm nicht, des Universums und auch des ›Hades Ordnung‹ zu begreifen«.

So erweist sich die uralte Legende von Gilgamesch, die schon manche Künstler der Moderne von Willi Baumeister bis zu Michael Schwarze zu bildnerischen Gestaltungen anregte und die August Ohm nun – wie stets – zeichnerisch-malerisch äußerst subtil und anspielungsreich in ihrem Antagonismus von Natur und Kultur geschildert hat, als ein keineswegs überholtes Thema aus einer fernen Welt. In Ohms Schilderung und Deutung erfährt es eine fesselnde Vergegenwärtigung.

HANNS THEODOR FLEMMING

Epos

AUFTAKT

Vorspruch

Der alles schaute bis zum Erdenrande, *Blatt 1*
Jed' Ding erkannte und von allem wußte,
Verschleiertes enthüllte gleichermaßen,
Der reich an aller Weisheit und Erfahrung,
Geheimes sah, Verborgenes entdeckte,
Verkündete, was vor der Flut geschah,
Der ferne Wege ging bis zur Erschöpfung,
All seine Müh' auf einen Stein gemeißelt –
Er baute des umwallten Uruk Mauer
Rings um(?) Eanna, den geweihten Tempel.

Uruks Mauer

Schau auf der Mauer Fries, der glänzt wie Erz,
Blick auf den Sockel, der da ohnegleichen,
Rühr an die Schwelle, die seit alters steht,
Nah dich Eanna, Ischtars reinem Wohnsitz:
Kein künftiger Fürst, kein Mensch kann solches schaffen!
Ersteige Uruks Mauer, schreit' sie ab,
Blick auf die Gründung, sieh das Ziegelwerk,
Ob es nicht völlig aus gebranntem Stein:
Die sieben Weisen legten ihren Grund!

…

Wie Gilgamesch erschaffen wurde

Als Gilgamesch erschaffen(?) ward, da machte
Der Götter Mächtigster vollendet(?) seine Form.
Der Sonnengott vom Himmel gab ihm [Schöne],
Und Adad schenkte ihm den Heldenmut.
[Gar machtvoll] schufen ihn die großen Götter:
Elf Ellen hoch(?), die Brust neun Spannen(?) breit.
Die Länge seiner… drei…
Hierhin und dorthin zog er rings im Land
Und (danach) kehrte er nach Uruk (wieder).
Zwei Drittel göttlich und ein Drittel menschlich –
Gewaltig ragte seines Leibs Gestalt

…

Dem wilden Stiere gleich…
Ein jeder weichet seiner Waffen Schlag.

Erster Teil
Enkidus Erscheinen

Uruks Frondienst und Klage

Es schreckt [der Schlag der] Trommel(?) seine Leute,
Erregt in ihren Häusern Uruks Bürger:
»Nicht läßt zum Vater Gilgamesch den Sohn,
Rast ohne Maß bei Tage und bei Nacht –
Ist das der Hirte des umwallten Uruk?
Das unser Hirte, edel, fest und weise?
Nicht läßt zum Liebsten Gilgamesch das Mädchen,
Des Helden Tochter und des Edlen Wahl!«

Götterrat und Erschaffung Enkidus

Die großen Götter hörten ihre Klagen,
Die Himmelsgötter riefen Uruks Herrn:
»Warst du's(?) nicht, der den wilden Stier erschuf?
Ein jeder weichet seiner Waffen Schlag,
Auf schreckt der Trommelwirbel seine Leute,
Nicht läßt zum Vater Gilgamesch den Sohn,
   rast ohne Maß bei Tag und bei Nacht!
Ist das der Hirte des umwallten Uruk?
Ist der ihr Hirte, der sie so bedrückt,
Ein echter (Hirte), edel, klug und weise?
Nicht läßt zum Liebsten Gilgamesch das Mädchen,
Des Helden Tochter und des Edlen Wahl!«

Als Anu ihre Klagen nun vernommen,
Rief man Aruru: »Du schufst Gilgamesch –
Schaff nun den Ausgleich seinem Ungestüm,
Laß streiten sie, daß Uruk Frieden finde!«
Sobald Aruru dies vernommen, schuf sie
   in ihrem Sinn ein göttlich(?) Ebenbild,
Wusch sich die Hände, teilte Lehm sich ab
   und legt' ihn draußen in der Steppe nieder,
Schuf Enkidu, den Mächtigen, den Helden,
   den Sproß der Stille, Abkömmling Ninurtas,
Bedeckt mit Haar an seinem ganzen Leibe,
   mit einem Schopf, der dem der Frauen gleicht,
Mit Locken, die wie die Nisabas sprießen.
Er kennt nicht Land noch Leute, ist gewandet
   mit einem Kleid wie das des Sumukan,

Mit den Gazellen nährt er sich von Gras,
Zieht hin zur Tränke mit den Steppentieren
Und freut sich mitten unterm Wild am Wasser.

Enkidus Begegnung mit dem Jäger

Ein Jäger traf auf ihn, ein Fallensteller,
Stand vor ihm Aug' in Aug' am Wasserloch
Am ersten, zweiten und dritten Tag.
Da ihn der Jäger sah, erstarrte er,
Entfloh zum Unterschlupf mit seinen Tieren.
Vor Schrecken war er wie betäubt und stumm,
Verstört im Herzen, das Gesicht verdunkelt.
Denn jäher Schmerz erfüllte sein Gemüt,
Sein Antlitz glich dem Wandrer ferner Wege:

Da hub der Jäger an zu seinem Vater:
»Es kam ein Mensch, o Vater, von den Bergen,
Der Mächtigste im Lande, voller Kraft,
Und Anus Feste gleichet seine Stärke.
Beständig streift er durch das Berggefild,
Gleich den Gazellen nährt er sich von Gras,
Und stetig trägt sein Fuß ihn hin zur Tränke.
Ich wagte nicht, voll Furcht, mich ihm zu nahen!
Die Gruben, die ich aushob, warf er zu,
Die Netze, die ich stellte, riß er weg,
Das Wild der Steppe ließ er mir entfliehen
Und hindert' mich am Jagen im Gefild!«

Sein Vater nahm das Wort und sprach zum Jäger:
»Es [weilt ja], Sohn, in Uruk Gilgamesch!
[Gar keinen gibt's, der stärker] ist als er,
Und Anus Feste gleichet seine Stärke!
[Auf denn, nach Uruk richte] deinen Sinn
[Und bring ihm Kunde] von der Kraft des Mannes!
[Er geb' dir] eine Tempeldirne; bring sie her,
Daß [ihre Künste diesen Menschen(?)] schwächen.
Wenn er das Wildgetier zur Tränke führt,
Soll sie sich [ausziehn] und sich [nackt ihm bieten]!
[Erblickt er] sie, so wird er sich ihr nahn,
Von da an aber wird das Wildgetier,
Das in der Steppe aufwuchs, vor ihm fliehn.«

Der Jäger [hörte] auf des Vaters Rat,

Zu Gilgamesch macht' er sich auf den Weg
Und hielt erst an, als er in Uruk war.
[Dort eilte er] zu Gilgamesch [und sprach]:
»Ein Mann ist von den Bergen hergekommen,
Der Mächtigste im Lande, voller Kraft,
Und Anus Feste gleichet seine Stärke!
Beständig streift er durch das Berggefild,
Gleich den Gazellen nährt er sich von Gras,
Und stetig trägt sein Fuß ihn hin zur Tränke!
Ich wagte nicht, vor Furcht, mich ihm zu nahen.
Die Gruben, die ich aushob, warf er zu,
Die Netze, die ich stellte, riß er weg,
Das Wild der Steppe ließ er mir entfliehn
Und hindert' mich am Jagen im Gefild!«

Dem Jäger gab zur Antwort Gilgamesch:
»Geh, Jäger, hol dir eine Tempeldirne!
Wenn er das Wildgetier zur Tränke führt,
Soll sie sich ausziehn und sich nackt ihm bieten.
Erblickt er sie, so wird das Wildgetier,
Das in der Steppe aufwuchs, vor ihm fliehn!«

Enkidus Versuchung

Da ging der Jäger mit der Tempeldirne
Fürbaß, sie wanderten den Weg zurück
Drei Tage lang, dann waren sie zur Stelle.
Dort warteten der Jäger und die Dirne.
Ein Tag verstrich, der zweite ging dahin –
   sie warteten der Tränke gegenüber.
Dann kam das Wild, am Wasserloch zu trinken,
Die Tiere, sich des Wassers zu erfreuen.
Ihn aber, Enkidu, den Berggebornen,
Der da von Gras sich nährt gleich den Gazellen,
Der mit dem Wilde trinkt am Wasserloch,
Mit dem Getier des Wassers sich erfreut –
Nun sah die Dirne ihn, den fremden Mann,
Den Wildgebornen aus der Steppen Ferne…

Blatt 2   »Das ist er, Dirne! Zeig ihm deine Brüste,
Den Schoß tu auf ihm, daß er sich dir nahe!
Sei ohne Scheu und laß ihn zu dir eingehn,
Erblickt er dich, so wird er sich dir nahn!
Wirf ab dein Kleid, daß er sich auf dich lege,
Errege seine Lust nach Frauenweise.

Denn (siehe, danach) wird das Wildgetier,
    das in der Steppe aufwuchs, vor ihm fliehn,
Wenn seine Fülle sich dir mitgeteilt!«
Da zeigt ihm die Dirne ihre Brüste,
    tat auf den Schoß ihm, daß er sich ihr nahte,
War ohne Scheu und ließ ihn zu sich eingehn,
Warf ab ihr Kleid, daß er sich auf sie legte,
Erregte seine Lust nach Frauenweise,
Und seine Fülle teilte sich ihr mit.
Sechs Tage, sieben Nächte gingen hin,
    da Enkidu die Tempeldirne liebte,
Bis er an ihren Reizen sich gesättigt.

Die Flucht der Tiere und Enkidus Menschwerdung

Dann wandte er den Blick nach seinen Tieren.
Doch nun, als die Gazellen Enkidu
    erblickten, flohen sie vor ihm davon,
Das Wild der Steppe wich vor ihm zurück,
Und Enkidu erschrak, sein Leib ward starr,
Die Kniee wankten, da sein Wild ihn floh.
Schwach ward er, und es war nicht wie zuvor,
Doch hatte er nun Wissen; er begriff.
Umkehrend sank er zu der Dirne Füßen,
Erhob zu ihrem Antlitz seine Augen
Und hörte auf die Worte, die sie sprach.
Es hub die Dirne an zu Enkidu:
»Klug bist du, Enkidu, nun wie ein Gott!
Was läufst du jetzt noch nach dem Wildgetier?
Laß mich dich führn nun zum umwallten Uruk,
Zum Heiligtum, da An und Ischtar wohnen!
Denn dort weilt Gilgamesch, der starke Held,
Der wildstiergleich die Männer übertrifft!«
Recht fand er, was sie sprach. Er sehnte sich
Nach einem Freunde, der sein Herz verstand.
Drum sagte Enkidu zur Tempeldirne:
»Auf, laß uns gehen, Dirne! Führe mich
Zum Heiligtum, da An und Ischtar wohnen,
Wo weilet Gilgamesch, der starke Held,
Der wildstiergleich die Mannen übertrifft!
Ich fordre ihn heraus, sprech' kühn ihn an,
Laut ruf' in Uruk ich: ›Ich bin der Stärkste!‹
[Wo ich erscheine,] ändre ich die Dinge,
Geboren in der Steppe, bin ich stark!«

»[So laß uns gehn], daß er dein Antlitz [schaue],
[Ich zeig' dir Gilgamesch], weiß, wo er weilt!
Komm zum umwallten Uruk, Enkidu,
Wo Männer wohnen, prächtig angetan,
Wo [jeden Tag] ein Fest gefeiert wird,
Die Instrumente und die Trommeln klingen,
Wo's Dirnen gibt von herrlicher Gestalt,
Mit Lust gezieret und der Wonnen voll

…

Dir, Enkidu, auf den das Leben wartet,
Zeig' dann ich Gilgamesch in Lust und Leid,
Daß du ihn schaust und ihm ins Antlitz siehst.
Von großer Herrlichkeit ist er, voll Kraft,
In Mannesschönheit prangt sein ganzer Leib –
Wohl höhre Kraft besitzt er noch als du
Und rastet nicht bei Tag und bei Nacht!
Drum zügle, Enkidu, nun deinen Stolz,
Denn Schamasch selbst bezeigt ihm seine Huld,
An, Enlil, Ea schenkten ihm Verstand!
Bevor du aus den Bergen niederstiegst,
Sah (schon) im Traum dich Gilgamesch zu Uruk!

Wie Gilgamesch zweimal von Enkidu träumte

Von einem Traum, den er geträumt, zu künden,
    erhob sich Gilgamesch und sprach zur Mutter:
»Dies, Mutter, träumt' ich in der letzten Nacht:
Da warn die Himmelssterne, einer fiel
Wie aus des Anu Feste zu mir nieder.
Doch da ich nun versucht', ihn aufzuheben,
War er zu schwer – ich konnt' ihn nicht bewegen.
Die Leute Uruks traten rings herzu,
[Es sammelt' sich] um ihn [das ganze Land],
[Es drängten sich die Menschen weit und breit],
Von überall her lief [das Volk] ihm zu,
Und meine [Männer] küßten seine Füße.
Hin zog's [mich zu ihm wie] zu einer Frau,
Und dir zu Füßen legte ich ihn nieder –
[Du aber hieltest] ihn mir ebenbürtig!«
[Die Weise, die da] alles Wissen kennt,
    gab Antwort drauf und sprach zu ihrem Herrn,
[Die weise Ninsun], alles Wissens mächtig,
    gab Antwort drauf und sprach zu Gilgamesch:

»Der Himmelsstern – das ist dein [Gegenpart],
Wie aus An's Feste fiel er vor dir nieder,
Doch da du es versucht, ihn aufzuheben,
War er zu schwer, du konnt'st ihn nicht bewegen,
Zu meinen Füßen [legtest du ihn] nieder –
Ich aber [achtet' ihn] dir ebenbürtig.
Hin zog's zu ihm dich [wie zu einer Frau]:
(Ein starker) Freund ist's, Helfer in Gefahr,
Gewaltigster im Land, von Kraft erfüllt,
Der Feste Anus gleich ist seine Stärke!
[Daß wie zu einer Frau] dich's zu ihm zog,
(Bedeutet): Nie wird er im Stich dich lassen – *Blatt 3*
Das ist der Inhalt deines Traumgesichtes!«

[Erneut sprach Gilgamesch] zu seiner Mutter:
»Ich sah, o Mutter, einen andern Traum:
Ein Beil lag [mitten im umwallten Uruk];
   es sammelt' sich um es das ganze Land.
[Die Leute Uruks] traten rings hinzu,
Es drängten [sich die Menschen] weit und breit,
[Von überall her lief das Volk] ihm zu.
Ich aber legt' es dir zu Füßen nieder.
Hin zog's mich zu ihm wie zu einer Frau –
[Du aber] hieltest es mir ebenbürtig!«
Die Weise, die da alles Wissen kennt,
   gab Antwort drauf und sprach zu ihrem Sohn,
Die weise [Ninsun], alles Wissens mächtig
   gab Antwort drauf und sprach zu Gilgamesch:
»[Das Beil], das du da schautest, ist ein Mann.
Daß wie zu einer Frau dich's zu ihm zog,
Daß ich's dir ebenbürtig hielt, (bedeutet):
Ein starker Freund ist's, Helfer in Gefahr,
Gewaltigster [im Land], von Kraft erfüllt,
Der Feste Anus gleich ist seine Stärke!«
Hierauf sprach Gilgamesch zu seiner Mutter:
»So falle [mir dies] große Glück denn zu,
Daß einen (Kampf)gefährten ich gewinne!«

Als Gilgamesch so seinen Traum enthüllte,
Da sprach zu Enkidu [die Tempeldirne],
Derweil die beiden [beieinandersaßen].

Enkidu bei den Hirten

»Wohlan, erhebe ich nun von der Erde,
Die einst des Schafhirts (karges) [Bette] war!«
Er hört' ihr Wort, nahm ihren Vorschlag an,
Des Weibes Ratschlag war nach seinem Sinn.
Da teilte ihr Gewand sie in zwei Teile,
Mit einem Stück bekleidete sie ihn,
Bedeckte mit dem anderen sich selbst.
Dann nahm sie (Enkidu) an seiner Hand
Und brachte ihn, so wie ein Kind man führt,
Hin zu der Hirten Schlafplatz bei den Hürden.
Da sammelten sich rings um ihn die Hirten.

...

Der wilden Tiere Milch pflegt' er zu saugen –
Nun legten sie ihm (ihre) Speise vor.
Er ward beklommen, machte (große) Augen

Blatt 4   Und starrte hin: Nicht wußte Enkidu,
Was Brot war (und) wie man's zu essen pflegt,
Auch Bier hatt' er noch nicht gelernt zu trinken.
Da öffnete die Dirne ihren Mund
Und sprach zu Enkidu: »Iß nun das Brot,
O Enkidu, denn das gehört zum Leben,
Trink auch vom Bier, wie es des Landes Brauch!«
Da aß sich Enkidu am Brote satt
Und trank vom Biere (seine) sieben Becher.
Leicht ward danach sein Herz, er fühlt' sich glücklich,
Er wurde fröhlich, und sein Antlitz strahlte.
Mit Wasser rieb er den behaarten Leib,
Dann salbte (seine Glieder) er mit Öl
Und ward so einem Menschenwesen gleich.
Als dann er ein Gewand (noch) angetan,
Da unterschied ihn nichts von einem Manne.
   Nun nahm er seine Waffen in die Hand
Und macht' sich auf, den Löwen zu begegnen,
Auf daß die Hirten nächtlich Ruhe fänden.
Die Wölfe fing er und erlegt' die Löwen,
Die Oberhirten konnten ruhig schlafen,
Da Enkidu nun für sie Wache hielt,
Der Einzigartige, der starke Held.
Zu ... sprach er ...

...

Kunde aus Uruk und Aufbruch

Als einmal er der Liebe sich ergeben,
Hob er die Augen auf, sah einen Mann
Und sprach zur Tempeldirne: »Dirne, laß
Den Menschen fortgehn! Wozu kam er her?
Ich möchte seinen Namen nennen (können)!«
Die Tempeldirne rief dem Manne zu,
Ging zu ihm hin und redete ihn an:
»Mann, wohin eilst du? Worauf zielt dein Mühen?«
Drauf gab der Mann zur Antwort Enkidu:
»(Wohlan), zum Sippenhaus will ich dich führen:
›Erstwahl der Braut‹ ist nun dem Volk bestimmt,
(Nachdem) der Stadt er Ziegelkörbe auflud
Und Pflicht es wurde der (einst) frohen Frauen,
(Allein) die Stadt mit Nahrung zu versorgen,
Im weiten Uruk ist zuerst dem König
Geöffnet nun das Bett beim ganzen Volk.
Für König Gilgamesch im weiten Uruk
Geöffnet ist das Bett beim ganzen Volke!
Er schläft bei den erwählten Ehefrauen
Als erster, erst danach der Ehemann!
So ist's verordnet nach dem Rat der Götter.
Als ihm die Nabelschnur man abgeschnitten,
Da wurde dies ihm schon (als Recht) bestimmt!«
Als Enkidu des Mannes Wort vernommen,
Ward fahl die Farbe seines Angesichts.

…

[Voran] schritt [Enkidu], die Dirne folgte.

Die Begegnung

Als er das weite Uruk nun betrat,
Da sammelten sich (flugs) um ihn die Leute.
Still stand er auf des weiten Uruk Straße.
Es scharte sich das Volk um ihn und sprach:
»Dem Gilgamesch ist gleich er an Gestalt,
Geringer zwar an Wuchs, doch stärkren Baus!
[Seit er] geboren, aß er Frühlingskräuter(?)
Die Milch des Wildgetiers hat er gesaugt!«

In Uruk bracht' man viele Opfer dar,
Es wuschen rein sich (wie zum Fest) die Männer.

Ein kupfernes Gefäß ward hingestellt,
Bereit dem Manne...
Für Gilgamesch ward wie für einen Gott
Das ihm Gebührende zurechtgestellt.
Bereits ist aufgedeckt Ischcharas Bett,
Mit der sich Gilgamesch zur Nacht vereint.
Er kam, und Enkidu trat auf die Straße,
Gewillt, dem Gilgamesch den Weg zu sperren.

...

Er schritt voran und ging (stracks) auf ihn zu.
Sie stießen auf des Landes Markt(?) zusammen.
Mit seinem Fuß sperrt' Enkidu das Tor
Und wehrte so dem Gilgamesch den Eintritt.
Da packten (nun) die zwei einander an
Und beugten (ihre Knie) nach Ringer Art,
Des Tores Pforten brachen sie entzwei,
Und es erbebte (rings) das Mauerwerk.
Ja, Gilgamesch rang da mit Enkidu.
Sie gingen in die Knie nach Ringer Art,
Des Tores Pforten brachen sie entzwei,
Und es erbebte (rings) das Mauerwerk.
Als (aber) Gilgamesch (dann) niederging,

Blatt 5   Den Fuß (gewaltig) in den Grund gestemmt,
Verging sein Zorn, und er ließ ab von ihm.
Als er (nun aber also) von ihm abließ,
Da sagte Enkidu zu Gilgamesch:
»Ganz ohnegleichen bist du, den gebar
Der Feste Wildkuh, Ninsun, deine Mutter!
Ja, über alle Männer ist dein Haupt
Erhöht (fürwahr), der Menschen Königtum
Hat Enlils (Rat mit Recht) für dich bestimmt!«

ZWEITER TEIL
Der Zug gegen Chuwawa

Enkidus Bedenken

Es füllten [sich die Augen Enkidus]
Mit Tränen, denn ihm [wurde schwer] ums Herz,
Und bittre Seufzer [flohn von seinen Lippen].
(Ja, wahrlich), [seine Augen füllten sich]
Mit Tränen, denn [ihm wurde schwer] ums Herz,
Und bittre Seufzer [flohn von seinen Lippen].
Da wandt' ihm [Gilgamesch] sein Antlitz zu
[Und fragte] Enkidu: (»Mein Freund) [warum]
Sind deine Augen [voller] Tränen, ist
Dein Herz [dir also schwer] und seufzt du (bitter)?«
Drauf sagte Enkidu zu Gilgamesch:
Schlaff wurden, Freund, die Sehnen meines Halses,
Die Arme sind mir schwach, die Kraft verließ mich!«
Da sagte Gilgamesch zu Enkidu:

…

[»Im Wald haust] der gewaltige Chuwawa,   *Blatt 6*
[Laß uns gemeinsam, du und ich, ihn] töten
[Und aus dem Lande alles Böse] tilgen!«

…

Da sagte Enkidu zu Gilgamesch:
»Dies habe ich, mein Freund, als mit dem Wild
Ich noch durchstreifte das Gebirg, erfahren:
Zehntausend Doppelstunden dehnt der Wald sich,
Wer könnt' es wagen, in ihn einzudringen!
Chuwawas Brüllen gleicht dem Sintflutsturm,
Und Feuer ist sein Rachen, Tod sein Hauch!
Wie magst da sinnen du auf solches Tun?
Nicht kann bestehn man, wo Chuwawa haust!«
Drauf sagte Gilgamesch zu Enkidu:
»Und doch will ich den [Zedernberg] besteigen!«

…

Drauf sagte Enkidu zu Gilgamesch:
»Wie sollen wir zum Zedernwald gelangen?
Der ihn bewacht, ist, Gilgamesch, ein Kämpfer
    von großer Stärke, und er schlummert nie!

…

Daß er [den Wald der Zedern] wohl behüte,
[Stellt' Enlil] ihn als Menschen[schreck dorthin]!«
Da sagte Gilgamesch zu Enkidu:
»Wer steigt wohl, Freund, (als Mensch) zum Himmel auf?
Bei Schamasch weilen ewig nur die Götter,
Der Menschen Tage (aber) sind gezählt,
Nur eitel Windhauch bleibt, was auch sie tun
Du (aber) lebst schon hier in Todesangst –
Was ist aus deiner Heldenkraft geworden?
Ich gehe vor dir, und du brauchst dann nur
Mir zuzurufen ›Vorwärts! Keine Furcht!‹
Und sterb' ich, schuf ich doch mir einen Namen:
›Gefalln ist Gilgamesch‹, so sagt man dann,
›Im Kampfe mit dem schrecklichen Chuwawa‹!

…

(Denn wahrlich), [meine Hand] will ich erheben
Die Zeder fällen und (auf diese Weise)
Mir einen Namen schaffen, der besteht!
Auf, Freund, zum Waffenschmiede will [ich gehen],
Vor unsern Augen solln sie [Waffen] gießen!«

Die Bewaffnung der Helden

So [gingen sie denn] zu den Waffenschmieden.
Zum Rate setzten sich die Meister nieder
Und gaben dann zum Guß gewaltige Waffen.
Sie gossen Äxte zu je drei Talenten
Und fertigten dann mächt'ge Schwerter an:
Die Klingen wogen jede zwei Talente,
Die Knäufe ihrer Griffe dreißig Minen,
Und dreißig Minen auch die goldnen [Scheiden](?).
Die Waffen Gilgameschs und Enkidus –
   (für beide) wogen sie (je) zehn Talente.

Gilgamesch vor den Bürgern und Ältesten

An Uruks [Stadttor] mit den sieben Riegeln
Da [strömte] (nun) die Bürgerschaft zusammen
[Und jubelt'] in des weiten Uruk Straßen.
… Gilgamesch …
[Die Ältesten vom Rat des weiten] Uruk
[Erschienen nun, sie] nahmen vor ihm Platz,
[Und Gilgamesch hub an und] sprach zu ihnen.
[Die Ältesten des] weiten [Uruk lauschten].

»Ich, Gilgamesch, will sehn, von dem man redet,
Ihn, dessen Name durch die Lande geht,
Will ich im Zedernwalde überwinden,
Wie mächtig Uruks Sproß – das Land soll's hören!
Die Hand will ich erheben, Zedern fällen,
Mir einen Namen schaffen, der besteht!«

Die Ältesten (vom Rat) des weiten Uruk
Entgegneten dem Gilgamesch und sprachen:
»Es treibt dich, Gilgamesch, dein junger Sinn –
Was du dir vorgenommen, ahnst du nicht!
Ein Ungetüm, wir hörten's, ist Chuwawa;
Wer könnte seinen Waffen widerstehn?
Zehntausend Doppelstunden dehnt der Wald sich –
Wer möcht' es wagen, in ihn einzudringen!
Chuwawas Brüllen gleicht dem Sintflutsturm,
Und Feuer ist sein Rachen, Tod sein Hauch!
Wie magst da sinnen du auf solches Tun?
Nicht kann bestehn man, wo Chuwawa haust!«

Als solchen Ratschlag Gilgamesch vernommen,
Da schaute seinen Freund er an und lachte:
(»Dazu), mein Freund, will ich nun dieses [sagen]:

…

»So möge denn dein Schutzgott dich [behüten],
Er möge dich den Rückweg finden lassen
Zum Uferkai des weiten Uruk (wieder)!«

Gebet und Omenschau

Es warf sich Gilgamesch [vor Schamasch] nieder,
[Und dieses sind] die Worte, die er sprach:
»Nun brech' ich auf, o Schamasch,…
Mög' auch hinfort mein Leben sicher bleiben,
(Heil) bring mich heim zum Uferkai von Uruk
(Und) nimm mich (gnädig) unter deine Hut!«
(Danach) rief Gilgamesch [den Freund herbei],
Die Omendeutung [mit ihm anzuhören].

…

Es rannen über Gilgameschs Gesicht
Die Tränen. »Einen Weg, den nie ich ging…
Und dessen Lauf, o Gott, mir unbekannt!«

…

Die Waffen kommen – Ratschläge
und Segenswünsche der Ältesten

[Es brachten nun die Meister] seine Wappnung:
(Da waren) große Schwerter und der Bogen,
Der Köcher auch; sie gaben's ihm zu Händen.
Er nahm die Waffen an und [warf sich] (gleich)
Den Köcher über und den Anschan-[Bogen]
[Und steckte] auch das Schwert sich in den Gurt.

...

Die Ältesten (erschienen), wünschten Heil,
Rat gaben Gilgamesch sie für die Reise:
»Trau nicht nur deiner Kraft, o Gilgamesch!
Laß deine Augen scharf sein, wahre dich,
Laß Enkidu dich führen, denn er weiß
(Bereits) den Weg und ist den Pfad gegangen!
Wo man den Wald betritt, ist ihm bekannt,
Vertraut auch ist ihm, was Chuwawa vornimmt.
Denn der vorangeht, schützet den Gefährten!
Scharf ist sein Auge, er wird dich beschützen.
Es mög' dir Schamasch deinen Wunsch erfüllen,
Dich schauen lassen, was dein Mund erbeten,
Er öffne vor dir den versperrten Pfad,
Er mache frei die Straße, die du wanderst,
Er tue auf den Berg für deinen Fuß!
Es bringe dir die Nacht, was dich erfreut,
Es steh' dir Lugalbanda bei im Streit,
Auf daß du deinen Kampf recht bald gewinnest!
Mögst in Chuwawas Flusse, den du suchst,
Du (unversehrt) dir dann die Füße baden!
Wird's Abend, grab dir einen Brunnen, daß
Stets reines Wasser sei in deinem Schlauche!
Dem Schamasch bringe reines Wasser dar,
Sei stets auch Lugalbandas eingedenk!«

Es sagte Enkidu zu Gilgamesch:
»Da du ans Kämpfen denkst(?), mach nun voran,
Bleib unverzagten Sinns und schau auf mich!
Dorthin nun, wo er seine Wohnung hat,
[Hin zu dem Wege], da Chuwawa wandelt,
Befiehl (den Marsch jetzt) und entlasse jene!«

...

Gilgameschs Abschied von seiner Mutter

Da sagte Gilgamesch zu Enkidu:
»Wohlan, Freund, laß uns zum Egalmach gehen
Vor Ninsun hin, die große Königin!
Die weise Ninsun, alles Wissens mächtig,
Wird unsern Füßen rechte Wege zeigen!«
So faßten Gilgamesch und Enkidu
Sich an die Hand und gingen zum Egalmach
Vor Ninsun hin, die große Königin.
(Voran) schritt Gilgamesch, trat ein (und sprach):
»O Ninsun, da ich hohe Kraft bewiesen,
Zieh nun ich fort, weit zu Chuwawas Wohnplatz,
Mit ihm zu kämpfen ungewissen Ausgangs,
Zu ihm zu gehn auf unbekannten Wegen!

...

Solang' ich wandre, bis zu meiner Heimkehr,
Bis ich gelange an den Zedernwald,
Bis daß ich schlug den mächtigen Chuwawa
Und tilgte aus dem Lande alles Böse,
Das Schamasch haßt, bitt' du zu ihm für mich!«

Ninsuns Gebetsopfer, Enkidus Adoption

In ihr Gemach zog Ninsun sich zurück

...

Legt' an [ein Kleid], das ihren Körper schmückt,
Nahm einen Brustschmuck auch, der sich geziemte,
Und setzte... die Tiara auf ihr Haupt.

...

Zur Treppe ging sie, stieg empor zum Söller
Und opfert' Schamasch Weihrauch [auf dem Dache].
Nachdem das Opfer sie beendet, hob sie
   zu Schamasch ihre Arme (bittend) auf:
»Da du mir Gilgamesch zum Sohne gabst –
   was machtest du so unruhvoll sein Herz?
Und (nun) hast du (sogar) ihm eingegeben,
Weit weg zu wandern, wo Chuwawa haust,
Mit ihm zu kämpfen ungewissen Ausgangs,
Zu ihm zu gehen auf unbekannten Wegen!
Solang' er wandert, bis zu seiner Heimkehr,

Bis er gelanget an den Zedernwald,
Bis daß er schlägt den mächtigen Chuwawa
Und tilget aus dem Lande alles Böse,
Das dir verhaßt! Mög' Aja, deine Braut,
Am Tag sonder Scheu an ihn dich mahnen,
Empfiehl ihn auch den Wächtern in der Nacht!

Sie häufte Weihrauch auf und sprach [Gebete],
Dann rief sie Enkidu und gab ihm Kunde:
»Held Enkidu, nicht meinem Schoß entsprossen,
Ich hab' (als Sohn) dich (hiermit) angenommen(?)
Vor allen, die da Gilgamesch verehren,
Vor Priesterinnen, Dirnen und Geweihten!«
[Nachdem sie so gesprochen hatte], schlang sie
    ein Halsband(?) um den Nacken Enkidus.

Die Helden auf der Wanderung

Nach zwanzig Doppelstunden kamen sie
    ein knappes Mahl, nach dreißig weitren dann
Verhielten sie, um für die Nacht zu rasten,
So zogen fünfzig Meilen sie je Tag.
Den Weg von einem Mond und fünfzehn Tagen,
    den legten in drei Tagen sie zurück.
Und gruben [jeden Abend] einen Brunnen.

Chuwawas Wächter

[»Denk nun daran, was du in] Uruk sprachest!
[Wohlan], tritt auf ihn zu...,
O Gilgamesch, der du aus Uruk stammst!«
Da der's vernahm, [gewann er neuen Mut].
»Heran an ihn, daß er (uns) nicht entkomme,
Zum Walde laufe [und uns dort entwische]!
Mit sieben Mänteln pflegt er sich zu panzern,
[Nur einen] trägt er, sechse [legt' er ab]...!«
Gleich einem wilden Stier voll Wut...
Da floh er [angst]erfüllt...
Des Waldes Wächter rief...
Chuwawa, wie ein...

...

Das Abenteuer beginnt

Da sagte [Enkidu zu Gilgamesch:]
[»Laß nicht zum Zedernwald] hinab uns steigen,
[Denn (siehe), als das Tor ich] öffnen wollte(?),
[Da wurde meine Hand mir wie] gelähmt(?)!«
Dem Enkidu gab Antwort Gilgamesch:
»Freund, einem Schwächling gleich...
Wir kamen über alles... doch hinweg!
Du bist des Kriegs gewohnt, verstehst zu kämpfen,
[Faß an mich, und] du wirst [den Tod] nicht fürchten!

...

Auf daß die Lähmung deinen Arm verlasse,
   die Schwäche [deiner Hand] ein Ende nehme!
Auf, Freund! Laß uns gemeinsam abwärts steigen,
Denk nun ans Kämpfen und vergiß den Tod,
Besonnen und als mutiger Mann...!
Wer vorn geht, wahrt sich selbst und schützt den Freund,
Und wenn es ›Tod‹ heißt, so ist Ruhm gewonnen!«
Da (nun) dem... nah sie kamen,
Verstummten sie(?) und standen (beide) still.

Im Angesicht des Zedernwaldes

Sie standen still und blickten auf den Wald,   *Blatt 7*
Sie schauten auf der Zedernbäume Höhe,
Betrachteten den Eingang in den Hain:
Chuwawas Spur war da, von ihm getreten,
Gerade Pfade, guten Durchgang bietend.
Sie blickten auf den Zedernberg, den Wohnplatz
   der Götter und den Thronsitz der Irnini.
Die Zedern standen reich am Bergeshang,
Gar köstlich war der Schatten, den sie boten.
Dicht wucherte der Dornbusch, und es wuchs
   [im Walde] (überall) das [Unterholz].

...

Im Zedernwald – Drei Träume

»Steig auf des Berges Klippe, sieh (dich um)...!
Beraubt bin ich des Schlafs, der Götter (Gabe).
Ich hatte einen Traum so schlecht... wie wirr:
Der Steppe Stiere hielt ich, Freund, gepackt.

Er rief... und seines Staubes Wolken (deckte)
   der Erde Boden... Regen...
Vor seinem Antlitz ging ich in die Knie(?).
Er packte..., die da meinen Arm umfaßte,
Heraus riß er die Zunge(?)...,
Aus seinem Schlauche letzt' er mich mit Wasser!«
[Enkidu antwortet:]
»Der Gott, mein Freund, zu dem wir ziehen, ist
Der Wildstier nicht! An ihm ist alles fremd.
Der Wildstier, den du sahest: Das ist Schamasch!
Er, der Beschützer, wird, sind wir in Nöten,
   (gewißlich hilfreich) unsre Hände fassen!
Der Wasser dir aus seinem Schlauche gab:
Das ist dein Gott, der dir die Ehre tut,
Ist Lugalbanda. Tun wir drum das Eine –
Ein Werk, das auch der Tod nicht wertlos macht!«

...

Da faßten sie einander an der Hand
   und gingen, sich der Abendrast (zu freuen)
Schlaf überkam sie, das Geschenk der Nacht.
Um Mitternacht (jedoch) fuhr er empor,
Und seinen Traum erzählt' er Enkidu,
Dem Freund: »Wer weckte mich, wenn du's nicht warst?
O Enkidu, mein Freund, mir träumte...
Wer weckte mich, wenn du's nicht warst...
Zum ersten Traum [sah einen zweiten] ich:
Im Traume [stürzte], Freund, ein Berg herab,
Er warf mich nieder, hemmte meine Füße,
Es wurde gleißend hell, ein Mann erschien,
Der war der Herrlichste im ganzen Land...
Er holte unterm Berge mich hervor,
Gab mir zu trinken, daß ich zu mir kam,
Und setzte meinen Fuß auf festen Boden!«

...

[Der] in der Steppe (einst) geboren wurde,
[Er,] Enkidu, sprach da zu seinem Freund,
   indem er dessen Traumgesicht erklärte:
»Dein Traum, mein Freund, ist gut, ist wunderbar...:
Der Berg, Freund, den du schautest, (ist Chuwawa)!
Chuwawa werden packen wir [und töten]
Und seinen Leichnam ins Gefilde werfen!
(Ja), morgen [wird sich alles dies vollenden!]«

Nach zwanzig Doppelstunden nahmen sie
Ein knappes Mahl, nach dreißig weitren dann
   verhielten sie, um für die Nacht zu rasten.
Vor Schamasch gruben einen Brunnen sie.
Dann stieg (zum Berge) Gilgamesch empor
Und bracht' ein Opfer dar von feinem Mehl:
»Schenk, Berg, mir einen Traum, ein Schamasch-Wort(?)!«

(Und wirklich) sandte einen Traum der Berg.

…

…der Gerste gleich, (die) in den Bergen (sprießt).
Es stützte Gilgamesch sein Kinn aufs Knie,
Und Schlaf kam über ihn nach Menschenart.
Gen Mitternacht fuhr er aus ihm empor,
Stand auf und wandte sich zu seinem Freunde:
»Riefst du mich nicht, o Freund? Was wurd' ich wach?
Stießt du nicht an mich? Warum schreckt' ich auf?
Ging nicht ein Gott vorbei? Was schaudert's mich?
O Freund – ich hatte einen dritten Traum,
Und ganz entsetzlich war dies Traumgesicht!
Die Himmel brüllten, und die Erde dröhnte,
Das Licht verging, und finster ward's ringsum,
Es zuckten Blitze, Feuer schoß empor,
…Und dicke Wolken(?) regneten den Tod.
Dann schwand der Glanz, das Feuer sank zusammen,
Und was herniederfiel, das ward zu Asche.
Komm fort! Im Freien können Rat wir halten!«
Es hörte Enkidu den Traumbericht
Und sprach zu Gilgamesch…

…

Das Fällen der Zeder und seine Folgen

[Die Axt] nahm [Gilgamesch] und fällt' [die Zeder.]
[Chuwawa aber], der den Schall vernahm,
Geriet in Zorn: »Wer ist da hergekommen,
[Den Wald zu schänden], meiner Berge Wuchs,
(Ja), hat (sogar) die Zeder (mir) gefällt?«

Da aber sprach vom Himmel her zu ihnen
Der Sonnengott des Himmels: »Tretet her,
Seid ohne Furcht…!«

…

In Strömen flossen seine Tränen nieder,
Zu Schamasch rief gen Himmel Gilgamesch:

...

»Ich folgte(?) doch dem Sonnengott des Himmels
  Und ging dem Wege nach, der mir bestimmt!«

Schamaschs Hilfe – Der Kampf der Stürme gegen Chuwawa

Da hörte nun der Sonnengott des Himmels
  auf Gilgameschs Gebete, und es stürzten
Sich auf Chuwawa urgewaltige Winde:
Orkan und Nord und Süd und Wirbelwind(?),
Der Sturm, der Frostwind und die starke Böe(?),
Der Glutwind auch – acht Winde wider ihn!
Sie alle bliesen in [Chuwawas] Augen.
Er war nicht fähig mehr, voranzugehen,
Noch konnte er den Rücken (ihnen) wenden.
Da gab Chuwawa auf, (sich noch zu wehren).

Chuwawas Erschlagung und die Klage der Zeder

Es hub Chuwawa an zu Gilgamesch:
»Laß los mich, Gilgamesch, und [sei] mein [Herr],
Ich aber sei dein Knecht! Und was die [Bäume]
Belangt, die ich herangezogen habe,
Die mächtigen...
Ich schlag' sie ab [und bau' davon dir Häuser!]«

Doch Enkidu [sprach drob] zu Gilgamesch:
Hör nicht auf das, was da Chuwawa sagt,
[Und laß] Chuwawa nicht [am Leben bleiben!]

...

Es sagte Gilgamesch zu Enkidu:
[Sind wir (nur erst) [im Walde eingedrungen].
Verblaßt der Strahlenglanz im (Baum)gewirr(?),
Das Gleißen schwindet, und der Lichtglanz endet!«
Drauf sagte Enkidu zu Gilgamesch:
»Fang erst, o Freund, den Vogel, denn wohin
  solln (wohl) die Jungen (ohne Mutter) flüchten?
Die Lichtglanzstrahlen suchen wir nachher –
Wie junge Vögel irrn sie (dann) herum!
Erst(?) töte ihn, (danach dann) [seine Deiner]!«

Es hörte Gilgamesch des Freundes Rat,
Die Axt erfaßt' er mit der (einen) Hand,
Zog (auch) das Schwert aus seinem Gurt heraus,
Und (seine) Klinge traf Chuwawas Nacken.
[Den zweiten Schlag] tat Enkidu, sein Freund,
Beim dritten [Hiebe] stürzt' Chuwawa nieder.

Die [Bäume aber] standen starr und stumm,
(Als) er Chuwawa, (ihren) Wächter, fällte.
(Dann) klang zwei Meilen weit der Zeder Klage:
»Mit ihm hat Enkidu (fürwahr) erschlagen...
Die Wälder (selbst und auch) die Zedernbäume,
(Ja), Enkidu erschlug [den Herrn] des Waldes,
Vor dem erbebten Libanon und Hermon!«

Da wurden still (ringsum die hohen) Hügel,
Es wurden still die Gipfel im Gebirg.
Er aber kappte(?) die geknickten [Äste(?)]
Der Zedern, deren sieben er gefällt.
Das Netz... und auch das Schwert von acht Talenten
Nahm er (ihm) ab und drang dann weiter ein
Ins Waldes(innere); die verborgene Wohnung
    der Anunnaki-Götter brach er auf.
Dann fällte Gilgamesch die Bäume, Enkidu...
Da sagte Enkidu zu Gilgamesch:
»...Erschlag' (nun auch) die Zeder, Gilgamesch!«   *Blatt 8*

...

Dritter Teil
Schmähung Ischtars und Kampf mit dem Himmelsstier

Ischtars Werbung

Er wusch sein Haar, polierte seine Waffen,
Warf in den Nacken seines Hauptes Schopf,
Legt' ab die schmutz'gen Kleider, nahm sich reine,
Tat an den…, ihn umgürtend.
Als die Tiara er aufs Haupt gesetzt,

Blatt 9 Hob ihre Augen auf die wunderbare Ischtar
    zu Gilgamesch in seiner Mannesschöne:
»Komm her, o Gilgamesch, sei mein Gemahl
Und laß mich deine Manneskraft genießen,
Werd' du mein Gatte, und ich sei dein Weib!
(Dafür) laß' ich dir einen Wagen schirren
    (geschmückt) mit Lapislazuli und Gold,
Die Räder gülden, Edelstein die Hörner,
Maultiere, Sturmdämonen gleich, davor!
Bei Zederndust (?) tritt ein in unser Haus!
Sobald du aber unser Haus betrittst,
Solln dir die Füße küssen…!
Ja, Könige wie Adlige und Fürsten,
    die sollen vor dir auf die Knie fallen,
Tribut(?) aus Berg und Steppe dar dir bringen!
Dir werden Drillinge die Ziegen werfen,
    die Schafe Zwillingslämmer (dir gebären)!
Dein Esel soll des Maultiers Lasten tragen,
Dein Pferd vorm Wagen sei der schnellste Renner,
Und ohnegleichen soll dein Jochrind(?) sein.

Gilgameschs Schmährede gegen Ischtar

Darauf hub Gilgamesch zu sprechen an
Und sagte zu der wunderbaren Ischtar:
»[Was gäb' ich dir], um dich (zur Frau) zu nehmen?
[Öl wohl] für deinen Leib, Gewänder auch?
[Bring' ich vielleicht dir] Brot und Nahrungsmittel?
[Ich habe keine] götterwürd'ge Speise,
Nicht göttlichen, nur(?) königlichen Trank!

…

[Wie ging's mir wohl, wenn] ich zur Frau dich nähme!
[Ein Ofen bist du, der nicht wärmt] bei Kälte,
Ein gegen Zug und Wind untauglich Tor,
Bist ein Palast, der niederschmeißt die Mannen,
Ein Elefant(?) …ihrer Decke,
Bist Erdpech, das besudelt, [wer es anfaßt],
Ein Wasserschlauch, der seinen Träger [näßt],
Bist Kalkstein, der die Mauer(fugen) sprengt,
Ein Sturmbock, [hergeführt aus(?)] Feindesland,
Ein Schuh, der seines Trägers (Füße) beißt(?)!
Wo ist der Buhle, [den du] treu [gehegt],
Die Mandelkrähe, die dir zugeflogen?
Wohlan, ich zähl' dir auf, die du geliebt:

…

Dem Tammuz, dem Geliebten deiner Jugend,
Hast Tränen du für jedes Jahr bestimmt.
Du liebtest (auch) den farbenfrohen Vogel,
Doch schlugst du ihn, zerbrachest ihm die Flügel,
Nun sitzt er im Gehölz und ruft ›*kappi*‹!

Den Löwen liebtest du, der Stärke Urbild,
Und hobst ihm (doch) der Gruben aus je sieben!
(Auch) liebtest du den kampferprobten Hengst,
Bestimmtest doch ihm Peitsche, Stich und Hieb:
So muß er jagen sieben Doppelstunden,
Das aufgewühlte, (schlammige) Wasser trinken,
Daß drob Silili, seine Mutter weint!

(Dann) liebtest du den Hirten [bei den Schafen],
Brotkuchen häufte er dir ohne Rast
Und schlachtete dir Zicklein jeden Tag:
Du schlugst ihn, ließest einen Wolf ihn werden –
Nun scheuchen ihn die eignen Hütejungen,
Und seine Hunde beißen ihn ins Bein!

(Dann) packte Liebe dich zu Ischullanu,
der deines Vaters Palmengärtner (war),
Der stets dir Körbe voller Datteln brachte
Und täglich reich versorgte deine Tafel.
Du sahst ihn an, du nähertest dich ihm
    (und sprachest zu ihm:) ›O mein Ischullanu,
    komm, laß uns doch genießen deine Kraft,
Reich deine Hand, berühre meinen Schoß!‹

(Doch) Ischullanu gab dir drauf zur Antwort:
›Was stellst du da an mich für ein Verlangen?
Buk Brot mir nicht die Mutter, aß ich's nicht,
Daß ich nun üble Speise wählen sollte
Und nur mit Bastgeflecht(?) mich wärmen müßte?‹
Als du nun diese [seine Antwort] hörtest,
Da schlugst du ihn, ließ' einen Frosch(?) ihn werden
Und hießest ihn inmitten... wohnen,
Daß ihm hinauf, hinab der Weg versperrt.
Mir brächte deine Liebe Gleiches ein!«

Ischtars Zorn – Die Erschaffung des Himmelsstiers

Da aber Ischtar solches hatt' vernommen,
Stieg voller Zorn zum Himmel sie empor.
Vor ihren Vater Anu eilte Ischtar,
Vor ihrer Mutter Antu weinte sie.
»O Vater, Gilgamesch hat mich beleidigt,
Mir viele schlimme Taten vorgeworfen,
(Ja), üble Taten und (gar) böse Werke!«

Da öffnet' Anu seinen Mund und sprach,
Zur wunderbaren Ischtar hub er an:
»Gewiß hast selbst gereizt du [Uruks König],
Daß er manch schlimme Tat dir vorgeworfen
(Ja), üble Taten und (gar) böse Werke!«

Es gab zur Antwort Ischtar drauf und sprach,
Zu Anu, ihrem Vater, hub sie an:
»O Vater, schaff' für mich den Himmelsstier,
 auf daß [zerschmettere er] Gilgamesch!

...

Gibst du mir aber nicht den Himmelsstier,
Zerschlage ich des Totenreiches Pforten,
Zerbrech' die Riegel, öffne weit die Tore
Und lasse so die Toten auferstehn,
 auf daß sie dann die Lebenden verschlingen(?)
Und es mehr Tote als Lebendige gibt!«

[Da öffnet' Anu seinen Mund und sprach],
Zur wunderbaren Ischtar [hub er an]:
»[Wenn ich das täte, worum] du mich bittest,
[So gibt es] sieben Jahre leeres Stroh!

Hast du denn Korn gespeichert [für die Menschen],
[Ließt wachsen Gras] reichlich für das Vieh?«

[Da öffnet' Ischtar ihren Mund] und sprach,
Zu Anu, ihrem Vater, [hub sie an]:
[»Korn für die Menschen] hab ich aufgespeichert,
Ließ wachsen Gras [genügend für das Vieh]!
[Ja, gäb' es sieben] Jahre leeres Stroh,
So habe [reichlich Korn ich für die Menschen],
[Ließ wachsen] Gras [genügend für das Vieh]!«

...

Die Erlegung des Himmelsstiers

So stieg herab (denn nun) der Himmelsstier...,
Sein [erstes] Schnauben [fällte hundert Menschen],
Zweihundert, gar dreihundert [tötet' er].
Sein zweites Schnauben [fällte] hundert weitre,
Zweihundert, gar dreihundert [tötet' er].
Beim dritten [stürzt' er sich] auf Enkidu.
Doch Enkidu wich seinem Angriff aus,
Sprang hoch und faßt' des Himmelsstieres Hörner.
Der blies ihm seinen Geifer ins Gesicht(?)
Und schlug auf ihn mit seinem mächtigen Schweif(?)...

Da sagte Enkidu zu Gilgamesch:
»O Freund, wir haben uns (doch stets) gerühmt...

...

[Dein Schwert] muß zwischen Hals und Horn ihn treffen(?)!«
Er sprang voran, den Himmelsstier zu packen,   *Blatt 10*
Und hielt ihn fest an seinem mächtigen Schweife(?)

...

Und zwischen Hals und Horn [stieß] er sein Schwert.
Als so sie (nun) den Himmelsstier getötet,
   da rissen sie das Herz ihm aus [der Brust],
Sie brachten es (als Opfer) Schamasch dar
Und beugten, rückwärts schreitend, sich vor Schamasch.
Dann setzten sich (zur Rast) die beiden Brüder.

Ischtars Demütigung und Gilgameschs Triumph

Zur Mauer des umwallten Uruk aber
Ging Ischtar, stieg zur Zinne auf (und schaute).
(Alsbald) erhob sie (da) ihr Wehgeschrei:
»Weh über Gilgamesch, der Schmach mir brachte,
   da er den Himmelsstier zu Boden streckte!«
Doch Enkidu, der Ischtars Schreien hörte,
Riß aus des Himmelsstieres einen Schenkel,
   er schleuderte ihn gegen sie (und rief):
»O könnt' ich nur heran an dich, ich würde
Mit dir das gleiche wie mit diesem tun,
Ja, seine Eingeweide um dich schlingen!«

Da scharte um sich Ischtar ihre Mädchen,
Die Tempeldirnen und die Buhlerinnen,
Und klagte bei des Himmelsstieres Keule,
Dieweilen Gilgamesch zusammenrief
Die Meister und die Waffenschmiede alle.
(Wie) rühmten diese da der Hörner Umfang!
Aus dreißig Minen Lapislazuli
Ist jedes Horn, zwei Finger dick, gebildet!
Sechs Maße Öl, soviel sie beide faßten,
Bracht' er zur Salbung Lugalbanda dar,
(Trug) in sein fürstlich Schlafgemach die Hörner
   und heftete sie (drinnen) an die Wände.
Dann wuschen sie im Euphrat ihre Hände
Und brachen Hand in Hand (zusammen) auf.

Auf Uruks Straßen schritten sie einher,
Und Uruks Brüger kamen, sie zu sehen.
Da rief die Sängerinnen(?) des Palastes
   (zusammen) Gilgamesch und fragte sie(?):
»Der Helden herrlichster – wer ist es nun?
Wer hat den höchsten Ruhm von allen Mannen?«
»Der Helden herrlichster ist Gilgamesch!
Er hat den höchsten Ruhm von allen Mannen.«

…

(Nach diesem) aber feiert' Gilgamesch
   ein Jubelfest in des Palastes (Mitten).
Dann legten sich zur Ruh die Helden nieder
   in ihren Schlafraum. Doch als Enkidu
Entschlief, da hatte er ein Traumgesicht
Und fuhr empor, dem Freund den Traum zu künden.

Vierter Teil
Enkidus Ende

Enkidus erster Traum

[Der Tag brach an,] es ward (schon) hell,
Da sagte Enkidu zu Gilgamesch:
»[Hör', Freund,] mein Traumgesicht in dieser Nacht!
[Beratend saßen] Anu, Enlil, Ea,
    der Sonnengott des Himmels auch, [zusammen],
Und Anu sprach zu Enlil: ›Weil sie fällten
Den Himmelsstier und töteten Chuwawa,
Soll sterben unter diesen (beiden) der‹,
Sprach Anu, ›der dem Berg die Zeder nahm!‹
Doch Enlil sprach: ›Es sterbe Enkidu,
Jedoch soll Gilgamesch am Leben bleiben!‹
Dem Helden Enlil aber widersprach
    der Sonnengott des Himmels (mit den Worten):
›War's mein Befehl nicht, daß den Himmelsstier
Sie fällten und Chuwawa? Nun jedoch
Soll Enkidu, (ob) ohne Schuld (auch), sterben?‹
Da wurde zornig auf den Sonnengott
    des Himmels Enlil, sprach (›Das sagst du nur),
Weil täglich du zu ihnen niedersteigst,
    (als seist) wie ihresgleichen(?) du geworden!‹«

Gilgameschs Verzweiflung

(So sprach) der (kranke) Enkidu, (der da)
    vor Gilgamesch (auf seinem Lager) ruhte.
Dem flossen (drob) in Strömen (seine) Tränen:
»Ach Bruder, lieber Bruder, warum sprechen
    sie mich (nun) frei von Schuld an deiner statt?«
Und er fuhr fort: »Muß ich (von nun an) sitzen
Bei einem Geiste an der Totentür
Und soll ich (wirklich) meinen lieben Bruder
    nie wieder sehn mit (diesen) meinen Augen?«

…

Enkidus Verwünschungen: Fluch gegen das Tor

(Danach) schlug Enkidu [die Augen] auf,
Sprach zu dem Tor [als sei es menschengleich],
Obwohl des Waldes Tor ja ohne Einsicht,

Obgleich Verstand [bei ihm] doch nicht zu finden:
»(Schon) zwanzig Meilen vorher [sah] die Güte
Ich deines Holzes! Eh' die hohen Zedern
Ich schaute, war dein Holz [mir] ohnegleichen!
Sechs mal zwölf Ellen ragtest du empor,
    und vierundzwanzig Ellen warst du breit
Pfahl, Angelstein und Stangenkopf –
In Nippur hat dein Meister dich gefertigt(?)...
O Tor, hätt' ich gewußt, was draus entstand(?)
Und daß dies deiner Schönheit [Folge] war –
Die Axt hätt' ich ergriffen, dich [zerhauen],
Ein Floß (aus deinem Holze) bauen lassen!«

...

Verfluchung des Jägers und der Dirne

»...Zerstör' sein Eigen, schwäche seine [Kraft],
Laß seinen [Wandel] dir [mißfällig] sein!
[Das Wild, auf das er jagt,] soll ihm entfliehn,
Kein Herzenswunsch ihm in Erfüllung gehn!«

Dann drängt' es ihn, der Dirne (auch) zu fluchen:
»Komm, Dirne, daß dein Los ich dir bestimme,
[Ein Schicksal] das in Ewigkeit nicht ende!
Verwünschen will ich dich mit mächt'gem Fluche,
[Der schon in aller] Früh dich treffen soll!

...

Was in der Gosse schwimmt, sei deine Speise,
Und was im Rinnstein fließt, das sei dein Trunk!
Ja, auf der Gasse sollst du hausen müssen,
[Der Mauerschatten] sei dein Aufenthalt!
Es soll der Trunkene wie der, der dürstet,
   (ohn' Unterschied) dich auf die Wange schlagen!«

...

Schamaschs Einspruch zugunsten der Dirne

Als Schamasch dies aus seinem Munde hörte,
Sprach er alsbald vom Himmel her zu ihm:
»Was fluchst du, Enkidu, der Tempeldirne,
Die Götterspeise dich zu essen lehrte,
Die königlichen Wein dich trinken ließ,
Dich festlich kleidete und als Gefährten

Dir Gilgamesch, den Herrlichen, erwarb?
Nun, Freund, ist Gilgamesch (sogar) dein Bruder,
Läßt dich auf einem prächt'gen Bette liegen!
Auf einem Ehrenlager kannst du ruhn!
Er läßt dich sitzen auf bequemem Sessel
   (der aufgerichtet ist) zu seiner Linken!
Der Erde [Fürsten] küssen deine Füße!
Die Trauerklage wird erheben lassen
   um deinetwillen er die Bürger Uruks,
Das [üppige] Volk mit Weh um dich erfüllen!
Er (aber) bleibt, bist du dahingegangen,
   zurück mit wirrem Haar, bekleidet sich
Mit einem Löwenfell, das Land durchirrend!«

Als Enkidu des Helden Schamasch Wort
Vernahm, ... ward still sein gramerfülltes Herz.

...

»So kehre, [Dirne, in dein Haus] zurück(?),
Daß [Könige, Fürsten,] Mächtige [dich] lieben,
[Die Männer sich] auf ihren Schenkel schlagen,
Den Kopf [der Greis (zwar)] deinetwegen schüttle,
[der Jüngling] (aber) seinen Gürtel löse!
[Empfange] ... Lapislazuli und Gold!

...

[Der Priester] soll dich vor die Götter leiten,
Die Frau verlasse man [um deinetwillen],
   (ja,) eine Mutter von sieben Kindern (gar)!«

Enkidus zweiter Traum

Von Weh erfüllt war Enkidu...   *Blatt 11*
Er lag allein, jedoch in einer Nacht
[Tat er] sein (ganzes) Herz dem Freunde auf:
»Heut nacht, [mein Freund] da träumt' ich einen Traum:
Die Himmel brüllten, und die Erde dröhnte,
Ich stand allein...
[Ein Mann erschien,] sein Antlitz war verdüstert,
Sein Angesicht war gleich dem...
Und seine Krallen glichen Adlerklauen...

...

Er gab mir eines Tauberichs Gestalt…,
Daß vogelgleich [befiedert] meine Arme.
Er wandte mir sein Auge zu(?) und führte
   zum dunklen Heim mich, da Irkalla wohnt,
Dem Haus, das nie verläßt mehr, wer's betreten,
Zum Pfade, der nie (wieder) heimwärtsführt,
Zum Haus, da ohne Leuchte, wer drin wohnt,
Wo Staub ihr Brot und Erde ihre Speise,
Wo ihr Gewand ein Vogelflügelkleid
Und in der Finsternis sie lichtlos sitzen.

Im Haus des Staubs, in das ich eingetreten,
Erblickte(?) ich [die Könige und sah]
   die Diademe, die sie abgelegt,
Erschaute(?) [Fürsten], einst gekrönten Hauptes,
   die in uralter Zeit das Land regiert
[Und Stellvertreter] Anus warn und Enlils.
   Nun mußten sie (den Göttern) Bratfleisch reichen,
Sie boten Backwerk(?) an und holten her
   (für sie) das kühle Wasser aus den Schläuchen.

Im Haus des Staubes, das ich nun betreten,
Da wohnen Hohepriester, Ministranten,
Da wohnen Reinigungspriester und Propheten
Und die ›Gesalbten‹ auch der großen Götter.
Dort haust Etana, dort haust Sumukan;
Ereschkigal, des Hades Königin,
Ist dort, es kauert vor ihr Belitseri,
   die Schreiberin der Unterwelt, sie hält
Die Tafel in der Hand und liest ihr vor.
Sie hob ihr Haupt empor, erblickte mich
[Und sprach: ›Wer] brachte diesen Mann hierher?‹«

…

Enkidus Ende

»Er, der [mit mir] durch alle Nöte zog –
Gedenke aller unsrer Wanderwege(?) –,
Es sah mein Freund ein [böses] Traumgesicht!«

Der Tag, da er den Traum geschaut, verging.
Den ersten Tag lag Enkidu, den zweiten:
[Es sitzt der Tod] in seinem Schlafgemach,
Den dritten Tag und (weiter auch) den vierten:

[Es sitzt der Tod] in seinem Schlafgemach.
Den fünften, sechsten, siebten, achten, neunten,
Den zehnten – Enkidu ward immer kränker.
Der elfte und der zwölfte Tag (verging):
[Todkrank] lag Enkidu auf seinem Lager.

Da rief er Gilgamesch und sprach zu ihm:
»(Du weißt) mein Freund, es liegt ein Fluch auf mir!
[Nicht gleiche dem ich], der im Kampfe fällt –,
Furcht hatt' ich vor der Schlacht, [drum sterb ich ruhmlos]!
Nur wer im Kampfe [fällt], o Freund, [ist glücklich]!«

…

Fünfter Teil
Gilgameschs Trauer und Totenklage

Am Sterbebett des Freundes

Beim ersten Dämmerschein des (nächsten) Morgens
Da [sagte] Gilgamesch zu seinem Freunde:
»O Enkidu, des' Mutter die Gazelle
Und der erzeugt von einem wilden Esel,
Die ›Schöngeschwänzten‹ nährten dich, das Wild
Der Steppe auch mit allen seinen Weiden!
Die Pfade Enkidus zum Zedernwald
Soll'n [klagen über dich] ... bei Tag und Nacht,
Die Ältesten des ringsumwallten Uruk,
    sie mögen deinetwegen weinen ...

...

Es klage über dich Bär wie Hyäne
    der Panther, Wisent und auch der Gepard,
Der Löwe, Ur, Hirsch, Steinbock – alles Wild!
Es weine über dich der Ulai-Fluß,
    an dessen Ufern wir einhergegangen,
Es weine über dich der Euphrat auch,
Aus dem wir Wasser in die Schläuche [füllten],
So wie die Männer des umwallten Uruk!

...

Die Brüder soll'n beklagen dich wie Schwestern,
Es sei ob deiner [ausgerauft] ihr Haar!
Blatt 12   Ich war dir Vater und auch Mutter, Freund,
Nun will um dich ich klagen in der Steppe!

Hört mich, ihr Ältesten von Uruk, hört:
'S ist Enkidu, mein Freund, um den ich weine
Mit Jammerlaut gleich einer Klagefrau!
(Er war mir) wie die Axt an meiner Seite,
    die Waffe, so verläßlich meiner Hand,
Das Schwert im Gurt, der Schild vor meiner Brust,
Mein Festgewand, mein [allerschönster Schmuck].
Ein böser [Dämon] kam und [nahm] ihn mir!
Mein Freund, (der da) dem flücht'gen Esel (glich),
    dem Onager im Feld, dem Steppenpanther,
Ja, Enkidu, mein Freund, der flücht'ge Esel,
    der Onager im Feld, der Steppenpanther!

Da alles wir verrichtet, das Gebirg
Erklommen und den Himmelsstier getötet,
Chuwawa (auch) gefällt im Zedernwalde –
Was ist das für ein Schlaf, der (dich) beschlich?
Das Dunkel kam – und nie mehr hörst du mich!«

(So war's) er schlug die Augen nicht mehr auf,
Still stand das Herz, da er es (nun) berührte.
Da hüllte er ihn ein wie eine Braut,
Erhob die Stimme, einem Löwen gleich,
Der Löwin auch, der man die Jungen nahm,
Fort stürzte er und kehrt' alsbald zurück,
Rauft' sich die Haare, schleudert' sie zu Boden
Und riß sein Prachtkleid ab, es von sich werfend.

Ein Standbild Enkidus

Beim ersten Dämmerschein des (nächsten) Morgens
Ließ Gilgamesch (ringsum) im Land verkünden:
»Wohlauf, du Schmied, Skulpteur, du Meister auch
   in Kupfer und in Gold, du Ziseleur,
Ein Abbild meines Freundes schaffe mir...!«   *Blatt 13*
So ließ des Freundes Abbild er gestalten.
Es war'n aus... die Glieder und die Brust
Aus Lapislazuli, aus Gold der Körper...

Vergebliches Hoffen und neue Klage

»Ich laß dich ruhn auf einem Ehrenlager,
Ich laß dich sitzen auf bequemem Sessel,
   (der aufgerichtet ist) zu meiner Linken,
Des Landes Fürsten küssen dir die Füße!

So (will ich denn) zur Trauerklage rufen
   um deinetwillen (alle) Bürger Uruks,
Das [üppige] Volk mit [Weh] um dich erfüllen!
Ich (aber) bleib, da du dahin(gegangen),
   zurück mit wirrem Haar, bekleide mich
Mit einem Löwenfell, das Land durchirrend!«

...

Enkidus Bestattung

Beim ersten Dämmerschein des (nächsten) Morgen
Ließ einen Tisch aus edlem Holz er holen,
Füllt eine Schal' aus Karneol(?) mit Honig,
Mit Butter eine andre aus Lasur,
Ließ schmücken... in die Sonne setzen...

Sechster Teil
Gilgameschs Lebenssuche

Betrübnis, Aufbruch und Löwenkampf

Gar bittre Tränen weinte Gilgamesch
Um Enkidu, den Freund, irrt' durch die Steppe.
»Wird's mir nicht, sterb' ich, gehn wie Enkidu?
Verzweiflung hat mein Inneres erfüllt,
Vorm Tode bebend irr' ich durch die Steppe!
Zu Utnapischtim, Ubartutus Sohn,
Schlag ich den Weg ein, eile schnell voran.

Da nachts der Berge Pässe ich erreichte,
Erblickt ich Löwen und geriet in Furcht.
Ich hob das Haupt und betete zu Sin.
Zur Götterleuchte(?)... stieg mein Flehn empor:
›O schütze mich...!‹«

Als nachts er schlief, erweckte ihn ein Traum:
...da tummelten [im Lichte] Sins sich [Löwen]!
Die Axt ergriff er, riß (das Schwert) vom Gurte
Und stürzte pfeilgeschwind sich unter sie,
Hieb (kräftig) auf sie ein und schlug sie nieder.

...

Begegnung mit den Skorpionenmenschen

Ein Berg lag da, des' Namen Maschu ist.
Sobald er angelangt am Maschu-Berge,
Der täglich Wache hält ob Aus- und Eingang,
Des' Spitzen an die Himmelshalde [reichen]
Und dessen Grund die Unterwelt berührt –
Am Bergtor wachen Skorpionenmenschen   *Blatt 14*
Von grauser Schrecknis, deren Anblick tötet
Und deren Höllenglanz die Berge einhüllt,
Sie achten auf der Sonne Aus- und Eingang –
Als Gilgamesch sie sah, da ward sein Antlitz
Vor Furcht (fürwahr) und vor Bestürzung bleich,
Doch faßt' er Mut und trat zu ihnen hin.

Der Skorpionenmensch rief an sein Weib:
»Der Leib des', der da kommt, ist Götterfleisch!«
Des Skorpionenmenschen Weib gab Antwort:

»Zwei Drittel Gott, ein Drittel Mensch ist er!«
Der Skorpionenmensch rief an den Mann,
Zum [Sproß] der Götter sagte er die Worte:
»[Was zogst du einen solchen] fernen Weg,
[Auf dem du (schließlich)] bis zu mir [gelangtest],
[Und überschrittest Ströme(?)], schwer zu queren?
Zu welchem Zweck du herkamst, laß mich wissen!«

…

»Zu Utnapischtim, meinem Ahnen, (will ich),
Der in den Kreis der Götter trat und lebt,
Nach Tod und Leben wollte ich ihn fragen!«

Drauf nahm der Skorpionenmensch das Wort
Und sprach: »O Gilgamesch, es gab bisher
Noch niemals einen, der des' fähig war,
Noch keinen, der durchmaß des Berges Innre:
Zwölf Doppelstunden geht's durch ihn hindurch,
Dicht ist das Dunkel, und es gibt kein Licht!
Denn zu der Sonne Ausgang…
Und zu der Sonne Eingang…,
(Ja) zu der Sonne Eingang…«

…

Drauf nahm der Skorpionenmensch das Wort
Und sprach zu Gilgamesch…
»So zieh denn hin, o Gilgamesch…
Durchquere das Gebirge Maschu frei,
Die Höhen [und die Pässe] des Gebirgs!
Mög sicher sein [dein Wandern hin und her],
Das Tor des Berges [ist dir aufgetan!«]

Der Weg durch den finsteren Berg

[Sobald als] Gilgamesch [dies Wort vernommen],
Folgt' er des Skorpionenmenschen Weisung,
Den Pfad des Schamasch [gehend trat er ein].
Als eine Meile er [zurückgelegt],
Da ist das Dunkel dicht, [es gibt kein Licht],
[So daß nicht vor- noch rückwärts schaun] er kann.
Als er zwei Doppelstunden [vorgedrungen],

…

Als er fünf Doppelstunden [vorgedrungen],
Da ist das Dunkel dicht, [es gibt kein Licht],
Daß weder [vor- noch rückwärts schaun] er kann.

...

Als er neun Doppelstunden [vorgedrungen,
　spürt er] den Nordwind sein Gesicht [umwehn],
[(Doch) ist das Dunkel dicht,] es gibt kein Licht,
[Daß weder vor-] noch rückwärts [schaun er kann].
[Als er zehn Doppelstunden vor]gedrungen,
Da ist [der Ausgang] nahe...
...der Doppelstunde...
[Als er elf Doppelstunden vorgedrungen,]
　da leuchtete der Sonne (erster) Strahl;
[Als er die zwölfte Meil' erreicht], ward's hell.

Im Garten der Edelsteine

[Es standen] Sträucher da aus (edlen) [Steinen],
　er eilte hin, um sie sich anzusehn.
Ein (Busch aus) Karneol trägt seine Früchte,
Da hängen Trauben, herrlich anzuschaun.
Ein (Busch aus) Lapislazuli hat [Laubwerk,]
Auch Früchte bringt er, lieblich zu betrachten.

...

Schamaschs Warnung und Gilgameschs vergebliche Bitte

Betrübt war Schamasch, da er zu ihm ging.
Er sprach zu Gilgamesch: »Wo läufst du hin?
Das Leben, das du suchst, wirst du nicht finden!«
Da sagte Gilgamesch zum Helden Schamasch:
»Nachdem die Stepp' durchirrt ich und durchwandert,
Soll ich mein Haupt nun in die Erde betten
Und da im Schlafe liegen Jahr um Jahr?
Laß meine Augen doch die Sonne schaun,
　daß ich an ihrem Licht mich weiter freue!
Erscheint das Licht, vergeht das Dunkel ganz,
Kein Toter aber schaut der Sonne Glanz!«

Gilgamesch bei Siduri, der Schenkin

Es wohnte (aber fern) [am Rand des Meeres]
   Siduri, eine Schenkin, die da haust…
Man hatte einen Krug für sie geformt
   und eine goldne Kufe ihr gemacht.
Mit einem Schleier ist sie angetan…
(Doch eines Tags) kommt Gilgamesch einher…,
Mit einem Fellgewand ist er bekleidet…
(Zwar) hat er Götterfleisch [an seinem Leibe,]
(Doch) trägt er bittres Weh [in seinem Herzen],
Sein Antlitz gleicht dem Wandrer ferner Wege.
Es sieht ihn, Ausschau haltend, fern die Schenkin,
Sagt, mit sich selber sprechend, diese Worte,
(In denen) sie [mit sich] zu Rate geht:
»Vielleicht ist, der da kommt, [ein Mörder] oder
Steht unter einem [Schwur]…!«
[Ihr Tor] verschloß, da sie ihn sah, die Schenkin,
Verriegelte die Tür, [verrammelt' sie].

Als aber Gilgamesch [den Klang] vernahm,
Hob er sein Kinn empor und sah sie an(?),
Zur Schenkin sagte Gilgamesch das Wort:
»Was sahst du, Schenkin, [daß die Tür du schlossest,]
Das Tor verriegeltest, [verrammeltest]?
(Leicht) schlüg ich's ein dir und [zerbräch'] den Riegel!«

…

Zur Schenkin sagte Gilgamesch das Wort:
»Den Himmelsstier hab ich gepackt, erschlagen,
Ich tötete den Wächter (auch) des Waldes,
Chuwawa (gar), der wohnt im Zedernhaine,
Erlegt' die Löwen in der Berge Pässe(?)!«

Die Schenkin gab zur Antwort Gilgamesch:
»Bist Gilgamesch du, der erschlug den Wächter,
Chuwawa (gar), der wohnt' im Zedernwalde,
Die Löwen streckte in der Berge Pässe(?),
Den Himmelsstier gepackt und totgeschlagen –
Warum sind abgezehrt so deine Wangen,
   warum ist dann dein Antlitz so verfallen,
Dein Herz so trübe, dein Gesicht entstellt,
Ist dein Gemüt des (bittren) Kummers voll,
Dein Antlitz gleich dem Wandrer ferner Wege,

Verwittert dein Gesicht von Glut und Nässe,
Und warum irrst du ... so dann durch die Steppe?«

Drauf gab zur Antwort Gilgamesch der Schenkin:
»Solln denn nicht abgezehrt sein meine Wangen,
   und soll wohl nicht verfallen sein mein Antlitz,
Mein Herz so trübe, mein Gesicht entstellt,
Und mein Gemüt des bittren Kummers voll,
Mein Antlitz gleich dem Wandrer ferner Wege,
Verwittert mein Gesicht von Glut und Nässe?
Wie sollt' ich da nicht ... irren durch die Steppe!

Mein Freund, den ich von ganzem Herzen liebte,
er, der mit mir durch alle Nöte zog,
(Ja) Enkidu, mein Freund, den ich so liebte,
   er, der mit mir durch alle Nöte zog –
Das (bittre) Los der Menschheit nahm ihn weg!
Ich weint' um ihn sechs Tag' und sieben Nächte,
Ich gab nicht zu, daß man zu Grab ihn trüge
Bis daß die Würmer sein Gesicht befielen.
In Todesangst durchirrt' ich dann die Steppe,
   des Freundes Los lag schwer auf meinem Herzen.
(Ja) hin und her durchirrte ich die Steppe,
   das Schicksal Enkidus lag schwer auf mir.
Wie kann ich schweigen, kann ich stille sein?
Mein Freund, den so ich liebte, ward zu Erde,
   zu Erde wurde Enkidu, mein Freund!
Und ich – muß ich gleich ihm mich niederlegen,
   daß nie ich wieder mich erheben kann?
O Schenkin, nun, da ich dein Antlitz sah –
Laß nicht mich schaun den Tod, den ich so fürchte!«

Der Rat der Schenkin und ihre schließliche Wegweisung

Die Schenkin gab zur Antwort Gilgamesch:
»O Gilgamesch, wohin (noch) willst du laufen?
Das Leben, das du suchst, wirst nicht du finden!
(Denn) als die Götter (einst) die Menschen schufen,
Da teilten sie den Tod der Menschheit zu,
Das Leben aber nahmen sie für sich!
Drum fülle dir, o Gilgamesch, den Bauch,
Ergötze dich bei Tage und bei Nacht,
Bereite täglich dir ein Freudenfest
Mit Tanz und Spiel bei Tage und bei Nacht!

Laß deine Kleider (strahlend) sauber sein,
Wasch dir das Haupt und bade dich in Wasser,
Blick' auf das Kind, das an die Hand dich faßt,
Beglückt sei deine Frau an deiner Brust –
Denn solches alles ist der Menschen Lust!«

Zur Schenkin sagte Gilgamesch das Wort:
»Wo, Schenkin, geht der Weg zu Utnapischtim?
Was ist sein Zeichen? Weise mir die Male!
Ist's möglich, will das Meer ich überqueren,
Wenn nicht, so werd' ich durch die Steppe laufen!«

Drauf gab die Schenkin Gilgamesch zur Antwort:
»Nie, Gilgamesch, gab's einen Übergang,
Und wer seit alten Tagen je gekommen
   hierher, der überschritt niemals das Meer!
Held Schamasch einzig überquert die See,
   Wer außer ihm könnt' (wohl) sie überschreiten?
Der Übergang ist schwierig, schwer der Weg,
Und tief das Todeswasser, bar des Zugangs!
Wo kreuzt du (also), Gilgamesch, das Meer,
Was willst du tun, kommst du ans Todeswasser?
Doch Utnapitschtims Fährmann, Urschanabi,
O Gilgamesch, weilt hier, (und dessen Ruder)
   sind steinern! In des Waldes Mitten pflückt er…
Ihn mögen (nunmehr) deine Augen schauen!
Wenn's möglich ist, so fahr' mit ihm hinüber,
   geht das jedoch nicht an, dann kehre um!«

…

Zerstörung der Wunderruder und Begegnung mit Urschanabi

Als Gilgamesch nun (dieses Wort) vernommen,
Da faßte er die Axt mit seiner Hand,
Zog auch das Schwert aus seinem Gurt heraus,
   schlich(?) sich davon, enteilte in den Wald
Und stürzte [wie ein Pfeil] sich auf sie los.
In seinem Zorne schlug er sie zu Stücken,
Dann wandte er sich, zu ihm hinzugehn.

…

Des Schwertes Blinken merkte Urschanabi,
Vernahm den Schlag der Axt…
Da hob die Augen Urschanabi auf,

Und Urschanabi sprach zu Gilgamesch:
»(He du,) wie ist dein Name, sag ihn mir!
Ich (selbst, ich) bin der Fährmann Urschanabi
  (und diene) Utnapischtim, dem Entrückten!«

Drauf sagte Gilgamesch zu Urschanabi:
»Man nennt mich Gilgamesch! (Fürwahr) ich komme
Von Uruk her, dem (Heiligtum) Eanna!
(Ich bin es), der die Berge überschritten
Auf fernem Weg, den (sonst nur) Schamasch geht!
Da *ich* dein Antlitz seh' nun, Urschanabi,
Zeig *du* mir Utnapischtim, den Entrückten!«

Zu Gilgamesch sprach darauf Urschanabi:
»Warum sind abgezehrt denn deine Wangen,
  warum ist denn dein Antlitz so verfallen,
Dein Herz so trübe, dein Gesicht entstellt,
Ist dein Gemüt des bittren Kummers voll,
Dein Antlitz gleich dem Wandrer ferner Wege,
Verwittert dein Gesicht von Glut und Nässe,
Und warum... irrst du so dann durch die Steppe?«
Drauf sagte Gilgamesch zu Urschanabi:
»Solln denn nicht abgezehrt sein meine Wangen,
  und soll wohl nicht verfallen sein mein Antlitz,
Mein Herz so trübe, mein Gesicht entstellt
Und mein Gemüt des bittren Kummers voll,
Mein Antlitz gleich dem Wandrer ferner Wege,
Verwittert mein Gesicht von Glut und Nässe?
Wie sollt' ich da nicht... irren durch die Steppe!
Mein Freund, (der da) dem flücht'gen Esel (glich),
  dem Onager im Feld, dem Steppenpanther,
(Ja) Enkidu, mein Freund, der flücht'ge Esel,
  der Onager im Feld, der Steppenpanther –
Da alles wir verrichtet, das Gebirg
Erklommen und den Himmelsstier getötet,
Chuwawa (auch) gefällt im Zedernwalde
  und Löwen streckten in der Berge Pässe(?) –
Mein Freund, den ich von ganzem Herzen liebte,
  er, der mit mir durch alle Nöte zog,
Ja, Enkidu, mein Freund, den so ich liebte,
  er, der mit mir durch alle Nöte zog –
Das (bittre) Los der Menschheit nahm ihn weg!
Ich weint' um ihn sechs Tag' und sieben Nächte,
Bis daß die Würmer sein Gesicht befielen!

In Todesangst durchirrte ich die Steppe,
    des Freundes Los lag schwer auf meinem Herzen.
Ja, hin und her durchirrte ich die Steppe,
Das Schicksal Enkidus lag schwer auf mir,
Daß hin und her durchirrte ich die Steppe!
Wie kann ich schweigen, kann ich stille sein?
Mein Freund, den so ich liebte, ward zu Erde,
    zur Erde wurde Enkidu, mein Freund!
Und ich – muß ich gleich ihm mich niederlegen,
    daß nie ich wieder mich erheben kann?«
Sodann sprach Gilgamesch zu Urschanabi:
»Wo, Urschanabi, geht's zu Utnapischtim?
Was ist sein Zeichen? Weise mir die Male!
Ist's möglich, will das Meer ich überqueren;
    wenn nicht, so werd' ich durch die Steppe laufen!«

Herstellung der Behelfsruder und Überfahrt

Zu Gilgamesch sprach darauf Urschanabi:
»Die Überfahrt vereitelt' deine Hand,
Da du die steinern' Ruder mir zerschlugst!
Die ›Steinernen‹ warn, Gilgamesch, mir dienlich,
Durch sie berührt' ich nicht die Todeswasser!
Da nun die ›Steinernen‹ zerschlagen sind…,
Nimm deine Axt zur Hand, o Gilgamesch,
Geh in den Wald, schlag hundertzwanzig Stangen
    von sechzig Ellen Länge eine jede,
Schäl' (ihre Rinde) ab, setz' Kappen(?) an
    und bring (dann alles wieder) her (zu mir)!«

Sobald als Gilgamesch dies Wort vernommen,
Da faßte er die Axt mit seiner Hand…,
Ging in den Wald, schlug hundertzwanzig Stangen
    von sechzig Ellen Länge eine jede,
Schält' (ihre Rinde), setzte Kappen(?) an
    und brachte (alles wieder zu ihm hin).
Dann stiegen Gilgamesch und Urschanabi
Ins Boot, sie stießen ab und fuhren los.
Am dritten Tage war zurückgelegt
    ein Weg von einem Mond und fünfzehn Tagen.
So kam der Fährmann zu den Todeswassern.

Zu Gilgamesch sprach darauf Urschanabi:
»Stemm ein [die erste Stange], doch berühre
Mit deiner Hand ja nicht die Todeswasser!

Nimm nun die zweite, dritte, vierte Stange,
O Gilgamesch, die fünfte, sechste, siebte,
Die achte, Gilgamesch, die neunte, zehnte,
Die elfte Stange, Gilgamesch, die zwölfte!«
Als hundertzwanzig (Stöße) er getan,
    da hatte alle Stangen Gilgamesch verbraucht.
So löste Gilgamesch (denn seinen) Gürtel...,
Er streifte (seine) Kleider sich (vom Leibe),
[Hielt] hoch sie mit den Händen (wie) am Mast.

...

Ankunft bei Utnapischtim

Es schaute Utnapischtim in die Ferne.
Zu seinem Herzen redend, sagte er,
Indem er mit sich selbst zu Rate ging:
»Was sind zerstört des Schiffes steinern' Ruder?
Ist einer, dem's nicht zusteht, mit an Bord?
Der, der da kommt, ist keiner von den Meinen!«

...

Gilgameschs Erzählung

Da sagte Gilgamesch zu Utnapischtim:
»Auf daß gelänge ich zu Utnapischtim
    und sähe, den sie den ›Entrückten‹ nennen,
Durchirrt' (bisher) ich wandernd alle Lande,
Stieg über viele unwegsame Berge
Und kreuzte (wahrlich) all die (weiten) Meere!
Nicht labte sich an süßem Schlaf mein Antlitz,
In ständigem Wachen hab' ich mich verzehrt
    und hab' erfüllt mit Kummer meine Glieder!
Noch ehe ich zum Haus der Schenkin kam,
    da waren meine Kleider nur noch Fetzen!
Ich tötet' Bär, Hyäne, Löwe, Panther,
    Gepard, Hirsch, Steinbock, (andres) Wildgetier
    und alles, was noch lebet in der Steppe.
Ich aß ihr Fleisch, tat ihre Felle an.«

Utnapischtims Lehre von der Vergänglichkeit

Zu [Gilgamesch] sprach (darauf) [Utnapischtim]:
»Der bittre Tod ist [wahrlich unausweichlich].
Baun wir ein Haus, das ewig (steht), und siegeln
    für ewige (Dauer eine Tafel) wir?

Blatt 15

(Wenn) Brüder (Erbschaft) teilen, ist's für ewig?
(Sogar) der Haß [im Lande] – währt er ewig?
Und steigt der Strom hinflutend immerdar?
(Nur) die Libelle schlüpft aus dem Kokon,
(Nur) sie erschaut aufs neu' der Sonne Antlitz!
Nicht gibt's Beständigkeit seit ewigen Tagen –
Der Schläfer und der Tote – wie verwandt!
Denn zeigen (beide) nicht des Todes Bild?
Ob Diener einer oder Herr – was gilt,
    wenn ihrer [beider Schicksal] sich erfüllt?
Die Anunnaki aber, hehre Götter,
    die halten Rat, und es bestimmt mit ihnen
Mamîtum, Schicksalschöpferin, die Lose.
So Tod wie Leben ist in ihren Händen –
Doch bleibt verhüllt, wann (deine) Tage enden!«

...

» Wie wurdest du unsterblich, Utnapischtim?«

Zu Utnapischtim, dem Entrückten, sagte
(Drauf) Gilgamesch: »Seh ich dich, Utnapischtim,
So bist nicht andrer Art du, gleichest mir,
(Ja), bist nicht andrer Art und gleichest mir!
Es wär' mein Herz bereit, für dich zu kämpfen,
Du (aber) gibst dich müßiger Ruhe hin!
[Sag mir:] Wie fandest du Eingang in den Rat
    der Götter und gewannst (?) das (ewige) Leben?«

Utnapischtims Sintflutbericht – Der Beschluß der Götter

Dem Gilgamesch gab Antwort Utnapischtim:
»Verborgnes will ich, Gilgamesch, dir künden,
Werd' ein Geheimnis dir der Götter sagen!

Schurippak ist die Stadt, dir wohlbekannt,
Sie lieget an des Euphratflusses Ufer.
Alt war die Stadt, in der die Götter wohnten.
(Und damals) planten (nun) die hehren Götter,
    geschehn zu lassen eine (große) Flut.
(Mit ihnen) plante Anu (auch), ihr Vater,
Enlil, der Held, der ihr Berater war,
Ninurta, ihr Wesir, (sodann) Ennugi,
In dessen Obhut die Kanäle stehen.

Eas Warnung und Rat

Bei ihnen saß auch Ninigiku-Ea,
Der sagte ihre Worte einem Rohrhaus:
›(Vernimm) o Rohrhaus, Rohrhaus, Wand, o Wand,
Ja, Rohrhaus, höre, und du, Wand, gib acht!
Du Mann aus Schurippak, Sohn Ubartutus,
Reiß ab dies Haus und baue (draus) ein Schiff!
Laß fahren den Besitz, das Dasein rette!
Gib hin dein Gut und sichere das Leben,
Ins Schiff nimm aller Lebewesen Samen!
Betreffs des Schiffes, das du bauen sollst –
Wohl abgemessen seien seine Maße!
An Breite und an Länge soll's gerecht sein,
Sein Dach mach gleich dem des Urozeans!‹

Ich hört's und sprach zu Ea, meinem Herrn:
›Was du mir da befohlen hast, o Herr,
Halt ich in Ehren und verfahr' danach,
Was (aber) geb' zur Antwort ich der Stadt,
    was sag' den Bürgern ich, den Ältesten?

Drauf öffnet' Ea seinen Mund und sprach,
Mir, seinem Diener, gab er diese Weisung:
›Sag ihnen: Enlil haßt mich, ich erfuhr's,
So kann ich nicht in eurer Stadt (mehr) wohnen,
Nicht meinen Fuß auf Enlils Land (noch) setzen!
Drum will zum Apsu (nun) hinab ich steigen
Und hausen dort bei Ea, meinem Herrn.
Er aber läßt dann Fülle auf euch regnen,
    [teilt üppig zu euch] Vögel und (auch) Fische
[Und stiftet euch] der Ernte reichen Segen,
[Am Morgen] wird er Backwerk (für euch) spenden,
[Am Abend] läßt er Weizen (auf euch) regnen!‹

Der Bau der Arche

Beim ersten Dämmerschein des (nächsten) Morgens
Da sammelte sich rings um mich das Land.

…

Die Kinder trugen Erdpech (mir) herbei,
Die starken Männer jeglichen Bedarf.

Am fünften Tag entwarf(?) ich sein Gerüst,
Ein Feldstück groß war seine Bodenfläche,
   die Wände hundertzwanzig Ellen hoch,
Und hundertzwanzig Ell'n des Deckes Seiten.
Danach entwarf(?) den Aufbau ich und schuf ihn.
Sechs Zwischenböden fügte ich ihm ein,
In sieben (Decks) es (dadurch) unterteilend.
Den Grundriß aber teilt' ich neunfach auf,
Befestigte in ihm auch Wasserstöpsel(?),
Besorgte Ruderstangen, schaffte Vorrat.
Sechs Sar an Erdpech goß ich für den... aus,
Drei Sar des weiteren... hinein,
Korbträger brachten drei Sar Öl herbei,
Dazu ein Sar zum Schmieren [für die Stöpsel(?)]
Und weitere zwei als Vorrat für den Schiffer.

Zum Schlachten gab ich Ochsen für (die Leute),
Und Schafe ließ ich töten alle Tage.
Auch Most und Rotwein(?), Öl und (weißen) Wein
Gab ich den Werkenden zu trinken, gleich
   als ob es Wasser aus dem Flusse sei,
Daß wie am Neujahrstag ein Fest sie hielten.
Öl [nahm ich], salbte meine Hände...(?).
Das Schiff war fertig, als die Sonne sank,
(Doch) schwierig war, [ins Wasser es zu bringen(?)],
Sie mußten oben es und unten [stoßen(?)]
[Bis] zu zwei Dritteln es [im Wasser] lag.

Was alles in die Arche kam

[All meine Habe] bracht' ich nun an Bord:
Was ich an Silber hatte, lud ich ein,
Was ich an Gold besaß, das nahm ich mit,
Ließ einziehn aller Lebewesen Samen,
Hieß alle gehn aufs Schiff, die mir verwandt,
Und nahm an Bord auch alles Vieh des Feldes,
   das Wildgetier und alle Handwerksmeister.
Mir hatte Schamasch eine Frist gesetzt:

Warnende Vorzeichen

›Am Morgen werd' ich Backwerk (für euch) spenden,
Am Abend Weizen (auf euch) regnen lassen,
Dann steige ein ins Schiff und schließ das Tor!‹

Und (nun) war die (gesetzte) Frist erfüllt:
Früh ließ er Backwerk, abends Weizen regnen.

Ich sah mich um, wie's um das Wetter stand:
Entsetzlich war der Himmel anzusehn.
Da trat ins Schiff ich und verschloß mein Tor.
Dem Manne, der das Schiff (für mich) verpichte,
   dem Schiffer, (der da heißt) Puzur-Amurri,
Wies ich Palast und alle Habe zu.

Ausbruch des Sintflutsturms

Beim ersten Dämmerschein des (nächsten) Morgens
Schob eine schwarze Wolke sich empor
Am Horizont, drin Adads Donner rollt,
Schullat und Chanisch ziehen vor ihm her
Als Herolde wohl über Berg und Tal.
Der mächtige Erra reißt heraus die Pfropfen,   *Blatt 16*
Ninurta kommt und läßt die Dämme wanken,
Die Anunnaki hoben ihre Fackeln,
Beleuchteten mit ihrem Glanz das Land.

Der Götter Erschrecken

Furcht überkam ob Adads Grimm den Himmel,
Da Finsternis verdrängte alles Licht,
Und wie ein Tonkrug(?) barst das weite Land.
Der Südsturm raste einen Tag mit Macht,
   der Berge Spitzen ganz zu überfluten,
Die Menschheit wie ein Krieg zu überfallen.
Der eine konnt' den anderen nicht sehn,
Vom Himmel war kein Mensch (mehr) zu erblicken.
In Angst gerieten ob der Flut die Götter,
Sie flohn (und stiegen) auf zu Anus Himmel,
Wie Hunde duckten sie sich draußen(?) nieder.

Ischtars Klage

Es schreit wie eine Frau in Wehen Ischtar,
Der Götter Herrin klagt mit hoher Stimme:
›Was einstens war, das ist zu Lehm geworden,
Stimmt' ich im Götterrat doch Bösem zu!
Wie sprach für Unheil ich im Götterrat

Und sagte ja zur Tilgung meiner Menschen?
Nun klag' ich: Erst gebären meine Menschen,
Und dann erfülln wie Fischbrut sie das Meer!‹

Es jammerten mit ihr die Anunnaki,
Gebeugt und klagend saßen da die Götter,
Die Lippen preßten sie (vor Angst) zusammen.
Der Orkan schnob sechs Tag' und [sieben] Nächte.
(Es stieg) die Flut, vom Sturm ward flach das Land.
(Erst) als der siebte Tag kam, schwand die Macht
Des wilden Südsturms, der die Flut gebracht(?).

Ende der Flut und Landung am Nisir

Alsbald ward still das Meer, es legte sich
   der Wettersturm, die Sintflut war zu Ende.
Ein Fenster tat ich auf, und Helle fiel
Auf mein Gesicht. Ich schaute... Stille rings,
Und alle Menschheit war zu Lehm geworden,
Das Land lag eben wie ein flaches Dach.
Ich kniete nieder, setzte mich und weinte,
Die Tränen flossen über mein Gesicht.
Dann schaut' nach Ufern ich des Meerbereiches:
Zwölf Doppelstunden (fern) erschien's (wie) Land,
Am Berge Nisir legte an das Schiff.
Der Nisir hielt das Schiff, daß still es stand.
Der erste Tag (verging und auch) der zweite:
   der Nisir hielt das Schiff, daß still es stand.
Der dritte Tag (verging und auch) der vierte:
   der Nisir hielt das Schiff, daß still es stand.
Der fünfte Tag (verging und auch) der sechste:
   der Nisir hielt das Schiff, daß still es stand.

Entsendung der Vögel, Auszug aus der Arche
und Dankopfer

Als dann der siebte Tag herangekommen,
Entsandt' ich eine Taube, ließ sie frei.
Die Taube flog und kehrte (bald) zurück;
Es war kein Rastplatz da, (drum) kam sie wieder.
Drauf sandt' ich eine Schwalbe, ließ sie frei;
Die Schwalbe flog und kehrte (bald) zurück;
Es war kein Rastplatz da, (drum) kam sie wieder.
Da sandt' ich einen Raben, ließ ihn frei.

Der Rabe flog davon, doch als er sah,
    daß (nun) die Wasser sich verlaufen hatten,
Da fraß er, flatterte umher und krächzte
    und kehrte (nun) nicht (mehr zu mir) zurück.
(So) ließ ich (denn) hinaus in die vier Winde,
    (was in der Arche war) und bracht' ein Opfer.
Trankspende goß ich auf des Berges Gipfel,
Je sieben Räucherschalen stellt' ich hin
Und füllte Süßrohr, Zeder, Myrte ein.
Die Götter aber rochen ihren Duft,
Sie rochen (dieses Opfers) süße Düfte.
Es scharten sich (alsbald) den Fliegen gleich
    die (hehren) Götter um den Opferspender.

Ischtars Anklage gegen Enlil

(Doch) als die große Götterherrin kam,
Hob sie empor das herrliche Geschmeide,
    das Anu ihr zu ihrer Freude schuf:
›Ihr Götter hier – so wahr ich nicht vergesse
    des Lapislazulis an meinem Halse,
Will dieser Tage ich mich (stets) erinnern
    und ihrer (wahrlich) nimmermehr vergessen!
Zum Opfer mögen kommen alle Götter,
Nur Enlil soll (fürwahr) sich ihm nicht nahen,
Weil ohn' Bedenken er die Sintflut brachte
Und dem Verderben preisgab meine Menschen!‹

Enlils Zorn und Eas Gegenrede

Sobald als Enlil (dann) erschienen war,
Erblickte er das Schiff. Es zürnte Enlil,
Ergrimmte über die Igigi-Götter:
›Hat denn ein Sterblicher entrinnen können?
    Entgehen sollte keiner der Vernichtung!‹

Drauf tat den Mund Ninurta auf und sprach,
    zum Helden Enlil sagte er die Worte:
›Wer sonst denkt (solche) Pläne aus als Ea,
Versteht (doch einzig) Ea jedes Ding!‹
Da öffnet' Ea seinen Mund und sprach,
    zum Helden Enlil sagte er die Worte:
›O Held, du Weisester der Götter (aller),
Was brachtest ohn' Bedenken du die Flut?
Leg seine Schuld dem Sünder auf, und auch
    den Frevler laß vergelten sein Vergehen!

Greif maßvoll zu, daß er nicht ganz verderbe,
    doch hart genug, daß er's [zu leicht nicht nehme!]
Statt daß die Flut du brachtest, hätt' ein Löwe
    erstehen und die Menschheit mindern können!
Statt daß die Flut du brachtest, hätt' ein Wolf
    erstehen und die Menschheit mindern können!
Statt einer Flut hätt' eine Hungersnot
    entstehen und das Land verderben können!
Statt daß die Flut du brachtest, hätte Erra
    erscheinen und die Menschen würgen können!
Ich aber war es nicht, der das Geheimnis
    der großen Götter (jemandem) enthüllte –
Doch schickt' ich dem ›Hochweisen‹ einen Traum,
    so ward ihm kund das göttliche Geheimnis.
Nun für ihn Rat zu schaffen, ist an dir!‹

Enlils gnädiger Entschluß

Da (wandte) Enlil (sich und) ging zum Schiff,
Nahm meine Hand und hieß mich einzusteigen,
Holt' auch mein Weib, ließ neben mir sie knien,
Berührte, vor uns stehend, unsre Stirn
    und gab uns seinen Segen (mit den Worten):
›Bisher war Utnapischtim (nur) ein Mensch,
Von nun an (aber) sollen Utnapischtim
    und (auch) sein Weib (fürwahr) uns Göttern gleichen
Und wohnen an der Ströme ferner Mündung!‹
Und also nahmen sie mich dann und ließen
    mich an der Ströme ferner Mündung wohnen.

Die Schlafprobe

Wer aber wird um *dich* die Götter sammeln,
Daß du das Leben findest, das du suchst?
Wohlan, (versuch,) des Schlafs dich zu enthalten
    sechs Tage lang und (dazu) sieben Nächte!«
Kaum (aber), daß der nieder sich gesetzt,
Weht' wie ein Nebeldunst der Schlaf ihn an.

Zu seinem Weibe sagte Utnapischtim:
»Da sieh den Mann, der nach dem Leben sucht!
Es weht wie Nebeldunst der Schlaf ihn an!«
Drauf sprach zu Utnapischtim, dem Entrückten,
Sein Weib: »Rühr an den Mann, daß er erwache

Und daß in Frieden auf dem (gleichen) Wege,
    den er hierher genommen, heim er kehre,
Zurück durchs Tor des Herwegs in sein Land!«

Zu seinem Weibe sprach drauf Utnapischtim:
»Trug liegt den Menschen: Dich betrügt er (auch)!
Wohlan, back Brote für ihn, leg sie dann
    an seinem Kopfe nieder und vermerke
Die Tage, die er schlief, (dort) an der Wand!«

Sie buk ihm Brot und legt' es an sein Haupt,
Malt' seines Schlafes Tage an die Wand.
Die erste Flade Brot verdorrte ganz,
Die zweite [schrumpft'], die dritte blieb noch feucht,
    der vierten Kruste(?) (aber) ward schon blaß,
Die fünfte schimmlig, eben gar die sechste,
Die siebente – da rührte er ihn an,
    (alsbald) fuhr auf der Mensch aus seinem Schlaf.

Zu Utnapischtim, dem Entrückten, sagte
Drauf Gilgamesch: »Noch eh' der Schlaf mich packte,
Da rührtest du mich an und störst mich auf!«
Zu Gilgamesch sprach darauf Utnapischtim:
»Wohlan denn, Gilgamesch, zähl deine Brote,
Daß [deines Schlafes Tage] sie dir künden:
Die erste Flade Brot verdorrte ganz,
[die zweite schrumpft'], die dritte blieb noch feucht,
    der vierten Kruste [aber] ward schon blaß,
[Die fünfte] schimmlig, eben gar die sechste,
[Die siebente] – da rührte ich dich an,
    (alsbald) fuhrst auf du (da) aus deinem Schlaf!«

Zu Utnapischtim, dem Entrückten, sagte
Drauf Gilgamesch: »O weh, was soll ich tun,
Wo soll ich hingehn noch? Er, der da wegholt,
    hält meine Glieder(?) (nun bereits) gepackt,
Es hockt der Tod in meinem Schlafgemach,
Wohin [den Fuß] ich setze, ist der Tod!«

Urschanabis Verstoßung und Gilgameschs Reinigungsbad

Zu Urschanabi sagte Utnapischtim:
»Der Kai [verachte] dich, o Urschanabi,
    und hassen möge dich der Übergang.

Du, der einher du gingst an seiner Küste,
    sollst dem Gestade fortan ferne bleiben!
Schmutz deckt den Mann, den du hierher geführt,
Und Felle schänden seines Leibes Schönheit:
Nimm, Urschanabi, ihn, bring ihn zum Waschplatz,
Auf daß er seinen Schmutz hinweg dort spüle
    im Wasser, dessen Reinheit gleich dem Schnee.
Dann soll er seine Felle von sich werfen,
    auf daß das Meer hinweg sie führe und
    die Schönheit seines Leibes sichtbar werde!
Sein (altes) Stirnband weiche einem neuen,
Und ein Gewand bedecke seine Nacktheit!
Bis er in seine Stadt (zurück)gelangt,
Bis seine Wanderung ein Ende hat,
Soll sauber bleiben dies Gewand und neu.«

Da brachte Urschanabi ihn zum Waschplatz,
Und Gilgamesch spült' seinen Schmutz hinweg
    im Wasser, dessen Reinheit gleich dem Schnee,
Auch warf er seine Felle von sich ab,
    auf daß das Meer hinweg sie spüle und
Die Schönheit seines Leibes sichtbar werde.
Es wich sein altes Stirnband einem neuen,
Und ein Gewand bedeckte seine Nacktheit:
Bis er in seine Stadt zurückgelangt,
Bis seine Wanderung ein Ende hat,
Würd' sauber bleiben dies Gewand und neu.

Aufbruch zur Heimkehr – Utnapischtims Rat

Ins Schiff stieg Gilgamesch mit Urschanabi,
Sie stießen ab (alsbald) und fuhren los.
Zu Utnapischtim (aber), dem Entrückten,
    sprach seine Frau: »Da ist (nun) Gilgamesch
Erschöpft, nach großer Mühsal, hergekommen –
was gibst du ihm für seinen Heimweg mit?«

(Alsbald) griff Gilgamesch nach einer Stange,
Er drückte nah an den Strand den Kahn.
(Und) Utnapischtim sprach zu Gilgamesch:
»Erschöpft, nach großer Mühsal, kamst du her –
Was geb' ich dir für deinen Heimweg mit?
Verborgenes will, Gilgamesch, ich künden,
Werd' ein [Geheimnis] dir [der Götter] sagen:

Da gibt es eine Pflanze, stechdornähnlich...,
Sie sticht dich gleich der Rose(?) in die Hand.
Wenn deine Hände diese Pflanze heben,
    [so findest du (durch sie) ein (neues) Leben!«

Auffindung des Wunderkrauts

Kaum hatte Gilgamesch dies Wort vernommen,
Band schwere Steine er [an seine Füße],
Und als sie in die Tiefe ihn gezogen,
[Sah er das Kraut] und griff es, ob's auch stach.
Er löst' die schweren Steine [von den Füßen],
Und an den Strand warf ihn [der Wellenschlag.]

Da sagte Gilgamesch zu Urschanabi,
Dem Fährmann: »Urschanabi, diese Pflanze
Ist Wunderkraut und gibt die Jugend wieder!
Ich bring' sie ins umwallte Uruk, lasse,
    das Kraut versuchend, (etwas davon) essen:
Sein Name ist ›Jung wird der Mensch als Greis‹.
(Wenn ich dann alt bin), will ich sie verspeisen,
    und meine Jugend wird (mir) wiederkehren!«

Das Werk der Schlange und Gilgameschs Klage

Nach zwanzig Doppelstunden nahmen sie
Ein knappes Mahl, nach dreißig weitren dann
    verhielten sie, um für die Nacht zu rasten.
Als einen Teich mit kühler Flut er sah,
Stieg Gilgamesch hinein und nahm ein Bad.
(Doch) eine Schlange roch des Krautes Duft,
Still stieg sie auf und raubte das Gewächs.
(Kaum) kehrt' sie um, warf schon die Haut sie ab.

Da hockte Gilgamesch sich weinend nieder,
Die Tränen flossen über sein Gesicht.
Er [faßt'] des Fährmanns Urschanabi [Hände]:
»Wofür, o Urschanabi, haben nun
    gemüht sich meine Arme, und wofür
hat aufgebraucht sich meines Herzens Blut?
An Segen habe nichts ich mir gewonnen,
Dem ›Erdleu‹ (einzig) hab ich wohlgetan,
Und nun steigt fünfzig Meilen weit die Flut!
Ein Rinnsal grub ich und verlor das Grabscheit!

...

Wär müßig doch geblieben meine Hand
   und hätt' gelassen ich das Boot am Strand!«

Heimkehr und Lobrede auf Uruks Mauer

...

Nach zwanzig Doppelstunden nahmen sie
   ein knappes Mahl, nach dreißig weitren dann
Verhielten sie, um für die Nacht zu rasten.
Da zum umwallten Uruk sie gelangten,
Sprach Gilgamesch zum Fährmann Urschanabi:
»(Wohlan denn), Urschanabi, steig empor
   zu Uruks Mauer, schreit' auf ihr entlang,
Blick auf die Gründung, sieh das Ziegelwerk,
   ob es nicht völlig aus gebranntem Stein!
Die sieben Weisen legten ihren Grund!
(Sie führt um) ein Sar Stadt, um eins an Gärten,
   ein Sar mit Gruben, (wo) den Lehm (man holt),
   und um den Weihbezirk des Ischtartempels(?) –
Drei Sar und Uruks Weihbezirk umschließend(?)!«

Siebenter Teil
Enkidus Kunde aus der Unterwelt –
Ein Nachtrag

Gilgameschs Klage über den Verlust der Trommel

»O daß ich heute doch gelassen hätte
   zurück im Haus des Zimmermanns die Trommel,
Beim Weib des Zimmermanns, (die mir geneigt)
   der Mutter gleich, die (einst) mir Leben schenkte,
Auch bei des Tischlers Tochter, (die zu mir
   sich hält) als sei sie meine jüngre Schwester!
Wer bringt (nun) aus dem Hades mir die Trommel,
Wer holt den Schlegel aus der Unterwelt?«

Enkidus Angebot und Gilgameschs Rat

Da sprach zu ihm sein Diener Enkidu:
»Was weinst du, Herr, was ist dein Herz betrübt?
(Noch) heute werde ich herauf dir bringen
   (fürwahr) die Trommel aus der Unterwelt
Und dir den Schlegel aus dem Hades holen!«

Drauf sagte Gilgamesch zu Enkidu:
»Willst du hinabgehn (denn) zur Unterwelt,
Geb ich dir diesen Rat – beachte ihn:
Zieh ja nicht an ein sauberes Gewand,
Sonst werden sie als Fremden dich erkennen!
Mit Feinöl aus der Büchse salb' dich nicht,
Sonst werden sie um seinen Duft sich scharen!
Schwing auch den Speer nicht in der Unterwelt,
Sonst werden alle jene dich umringen,
   die (einst) durch einen Speer getötet wurden!
In deiner Hand darfst keinen Stab du halten,
Erschrecken würden sonst vor dir die Geister!
Sandalen ziehe nicht an deine Füße!
Vermeide jeden Lärm im Totenreich!
Nicht küssen darfst dein Weib du, das du liebtest!
Nicht schlagen darfst dein Weib du, dem du gram warst!
Nicht küssen darfst dein Kind du, das du liebtest,
Nicht schlagen darfst dein Kind du, dem du gram warst –
Es übermannt dich sonst des Hades Wehruf!
[Stör' ja nicht jene,] die in tiefem Schlafe,
   die Mutter des Ninazu, die da ruht,

Ohn' daß ein Kleid die reine Schulter deckt,
Ohn' daß ein Linnen ihre Brust verhüllt!«

Enkidus Ungehorsam

Doch Enkidu beachtete den Rat,
   den ihm sein Herr gegeben hatte, nicht.
Ein sauberes Gewand zog er sich an:
Und sie erkannten ihn als einen Fremden.
Mit Salböl aus der Büchse salbt' er sich:
Sie scharten sich (alsbald) um dessen Duft.
Er schwang den Speer (dort) in der Unterwelt:
Und es umringten alle jene ihn,
   die (einst) durch einen Speer getötet wurden.
In seiner Hand (da) hielt er einen Stab:
Und es erschraken (sehr) vor ihm die Geister.
Sandalen zog er sich an seine Füße,
Ließ Lärm ertönen in der Unterwelt.
Er küßt' das Weib, das (einst) geliebt er hatte,
Er schlug das Weib, dem (einst) er gram gewesen,
Er küßt' das Kind, das (einst) geliebt er hatte,
Er schlug das Kind, dem (einst) er gram gewesen –
Da übermannte ihn des Hades Wehruf!
Er störte jene, die im tiefen Schlafe,
   die Mutter des Ninazu, die da ruht,
Ohn' daß ein Kleid die reine Schulter deckt,
Ohn' daß [ein Linnen] ihre Brust verhüllt.

Enkidu im Hades gefangen

Für Enkidu gab's keine Wiederkehr.
Nicht Namtar hielt ihn fest und nicht Asakku –
   der Hades war's, der ihn gefangen nahm;
Nicht packt' ihn Nergals mitleidloser Wächter –
   der Hades war's, der ihn gefangen nahm!
Nicht fand den Tod er auf der Männer Walstatt –
   der Hades war's, der ihn gefangen nahm!

Gilgameschs dreifacher Bittgang

[Da schritt von dannen] Ninsuns Sohn und weinte
(Vor Gram) um seinen Diener Enkidu.
Allein ging er zum Ekur, Enlils Tempel:
»O Vater Enlil, heut ist meine Trommel
   hinabgefallen in die Unterwelt,

(Und, auch) mein Schlegel stürzte (da) hinab,
Als Enkidu [hinunterstieg], sie mir
  zu holen, hielt die Unterwelt ihn fest!
Nicht Namtar packte ihn und nicht Asakku –
  der Hades war's, der ihn gefangen nahm!
Nicht packt' ihn Nergals mitleidloser Wächter –
  der Hades war's, der ihn gefangen nahm!
Nicht fand den Tod er auf der Männer Walstatt –
  der Hades war's, der ihn gefangen nahm!«
(Doch) Vater Enlil gab ihm keine Antwort.

Allein (drauf) zum [Ekischnugal, Sins Tempel]
Ging er: »O Vater Sin, heut ist die Trommel
  herabgestürzt mir in die Unterwelt,
(Und, auch) mein Schlegel fiel mir (da) hinab!
Als Enkidu [hinunterstieg], sie mir
  zu holen, hielt die Unterwelt ihn fest!
Nicht Namtar packte ihn und nicht Asakku –
  der Hades war's, der ihn gefangen nahm!
Nicht packt' ihn Nergals mitleidloser Wächter –
  der Hades war's, der ihn gefangen nahm!
Nicht fand den Tod er auf der Männer Walstatt –
  der Hades war's, der ihn gefangen nahm!«
Doch gab (auch) Vater Sin ihm keine Antwort.

Allein ging zum Eapsu, Eas Tempel
Er: »Vater Ea, heute ist die Trommel
  herabgestürzt mir in die Unterwelt,
Und, auch mein Schlegel stürzte (da) hinab,
Als Enkidu [hinunterstieg], sie mir
  zu holen, hielt die Unterwelt ihn fest!
Nicht Namtar packte ihn und nicht Asakku –
  der Hades war's, der ihn gefangen nahm!
Nicht packt' ihn Nergals mitleidloser Wächter –
  der Hades war's, der ihn gefangen nahm!
Nicht fand den Tod er auf der Männer Walstatt –
  der Hades war's, der ihn gefangen nahm!«

Erhörung durch Ea

Sobald als Vater Ea dies vernommen,
Hub an zu Nergal er, dem Kampfeshelden:
»O Nergal, Held im Kampfe, [höre mich]!
Tu auf ein Loch nun in der Unterwelt,

Daß ihr entsteigen kann Enkidus Geist
Und seinem Bruder [künd' des Hades Ordnung!«]
Es hörte Nergal, Held im Kampf, [auf Ea],
Tat (gleich) ein Loch auf in der Unterwelt.

Enkidus Erscheinen und Bericht aus dem Reich der Toten

(Alsbald) entstieg Enkidus Totengeist
    dem Hades, einem Windhauch gleich, und sie
Umarmten sich und setzten sich zusammen,
Rat hielten sie

...

Blatt 17   »O sage, Freund, o sage, Freund, mir an –
Nenn' mir des Hades Ordnung, die du schautest!«
»Ich sag' sie, Freund, dir nicht, kann sie nicht sagen;
Sagt' ich des Hades Ordnung, die ich schaute –
Du würdest niedersinken, würdest weinen!«
»So will ich niedersinken, will ich weinen!«
»Freund, [meinen Leib], den fröhlich du berührtest,
Ihn fressen Würmer wie ein altes Kleid!
[Sieh hier, mein Leib], den fröhlich du berührtest,
[Verweset schon und] wird in Staub verwandelt!«

(Sobald er dies vernommen), schrie er [Wehe!'],
und warf sich (klagend) auf den Boden nieder,
(Ja) [›Wehe!‹] rufend sank er in den Staub.

...

»Sahst einen, den der Mast erschlug?« – »Ich sah ihn:

...

»Sahst einen, der des... Todes starb?« – »Ich sah ihn:
Er ruht im Bett, darf reines Wasser trinken!«
»Sahst einen du, der fiel im Schlachtengetümmel?«
»Ich sah ihn: Seine Eltern stützen ihm
    das Haupt, und es [beweint] ihn seine Gattin.«
»Sahst einen du, des' Leichnam in die Steppe
    man warf (und nicht begrub)?« – »(Auch) diesen sah ich:
Nicht Rast noch Ruhe findet er im Hades!«
»Sahst einen du, des' Geist ohn' Pflege ist?«
»Ich sah (auch) den: Den Speiserest im Topf,
    den Brocken auf der Straße muß er essen!«

...

Katalog

Alle Arbeiten befinden sich in der Sammlung
Clauspeter Jahncke, Hamburg.

Verzeichnis der Illustrationen
Mischtechnik auf Karton, 59 x 41 cm, 1989

Blatt 1
Werk Nr. 237
Gilgamesch, der alles schaute

Blatt 2
Werk Nr. 238
Da zeigte die Dirne dem Enkidu ihre Brüste

Blatt 3
Werk Nr. 239
Nie wird er dich verlassen

Blatt 4
Werk Nr. 240
Nicht wußte Enkidu, was Brot war und wie man es zu essen pflegt

Blatt 5
Werk Nr. 241
…und er ließ von ihm ab

Blatt 6
Werk Nr. 242
Chuwawa

Blatt 7
Werk Nr. 243
Sie standen still und blickten auf den Wald

Blatt 8
Werk Nr. 244
Erschlag nun auch die Zeder, Gilgamesch

Blatt 9
Werk Nr. 245
Ischtar

Blatt 10
Werk Nr. 246
Er springt voran, den Himmelsstier zu packen

Blatt 11
Werk Nr. 247
Enkidus zweiter Traum

Blatt 12
Werk Nr. 248
Gilgameschs Trauer…
Ich war dir Vater und auch Mutter, Freund

Blatt 13
Werk Nr. 249
Ein Abbild meines Freundes schaffe mir

Blatt 14
Werk Nr. 250
Am Bergtor wachen Skorpionenmenschen

Blatt 15
Werk Nr. 251
Gilgamesch und Urschanabi

Blatt 16
Werk Nr. 252
Der mächtige Erra aus Utnapischtims Sintflutbericht

Blatt 17
Werk Nr. 253
Nenn mir des Hades Ordnung, die du schautest!

BLATT 1
Gilgamesch, der alles schaute

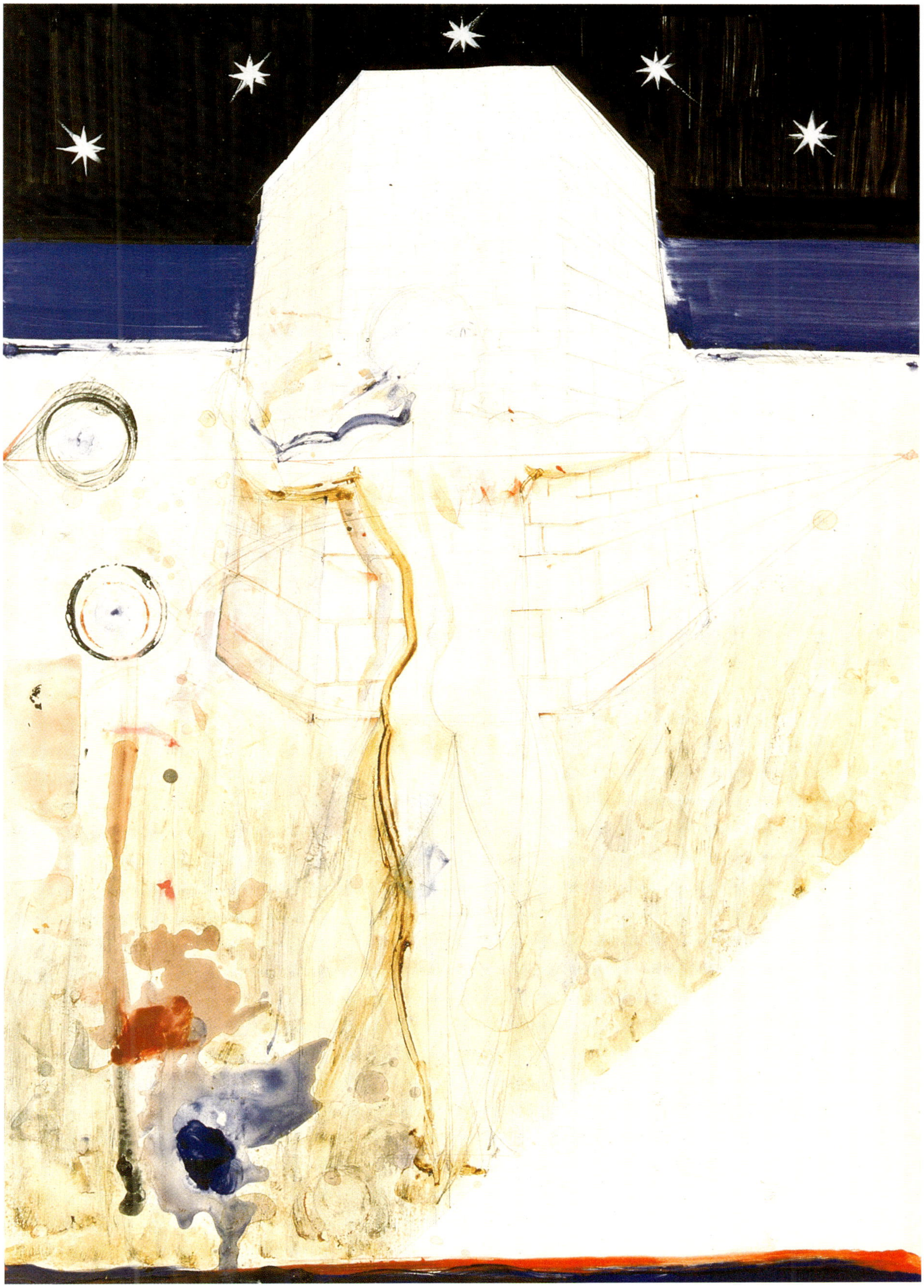

BLATT 2
Da zeigte die Dirne dem Enkidu ihre Brüste

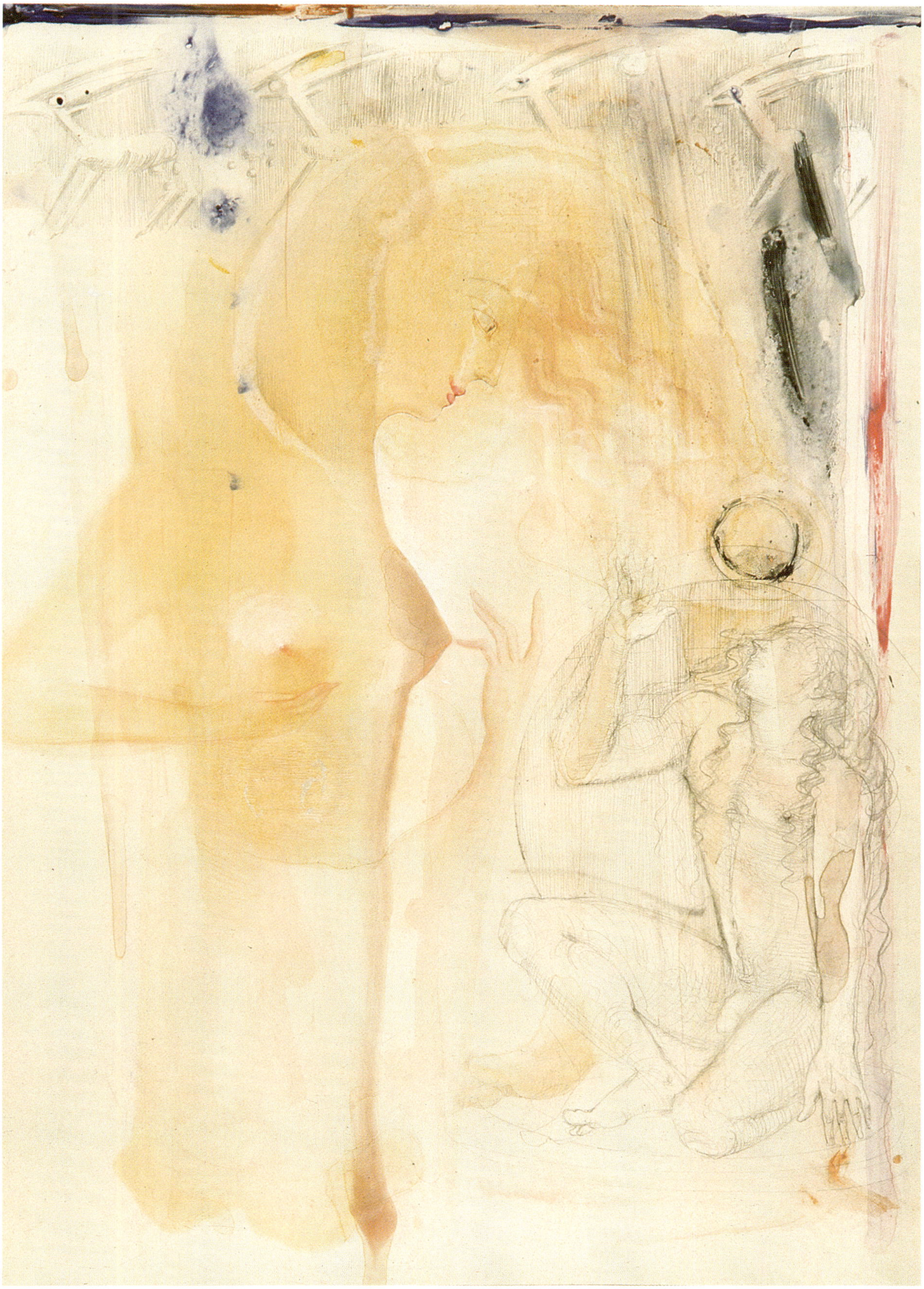

Blatt 3
Nie wird er dich verlassen

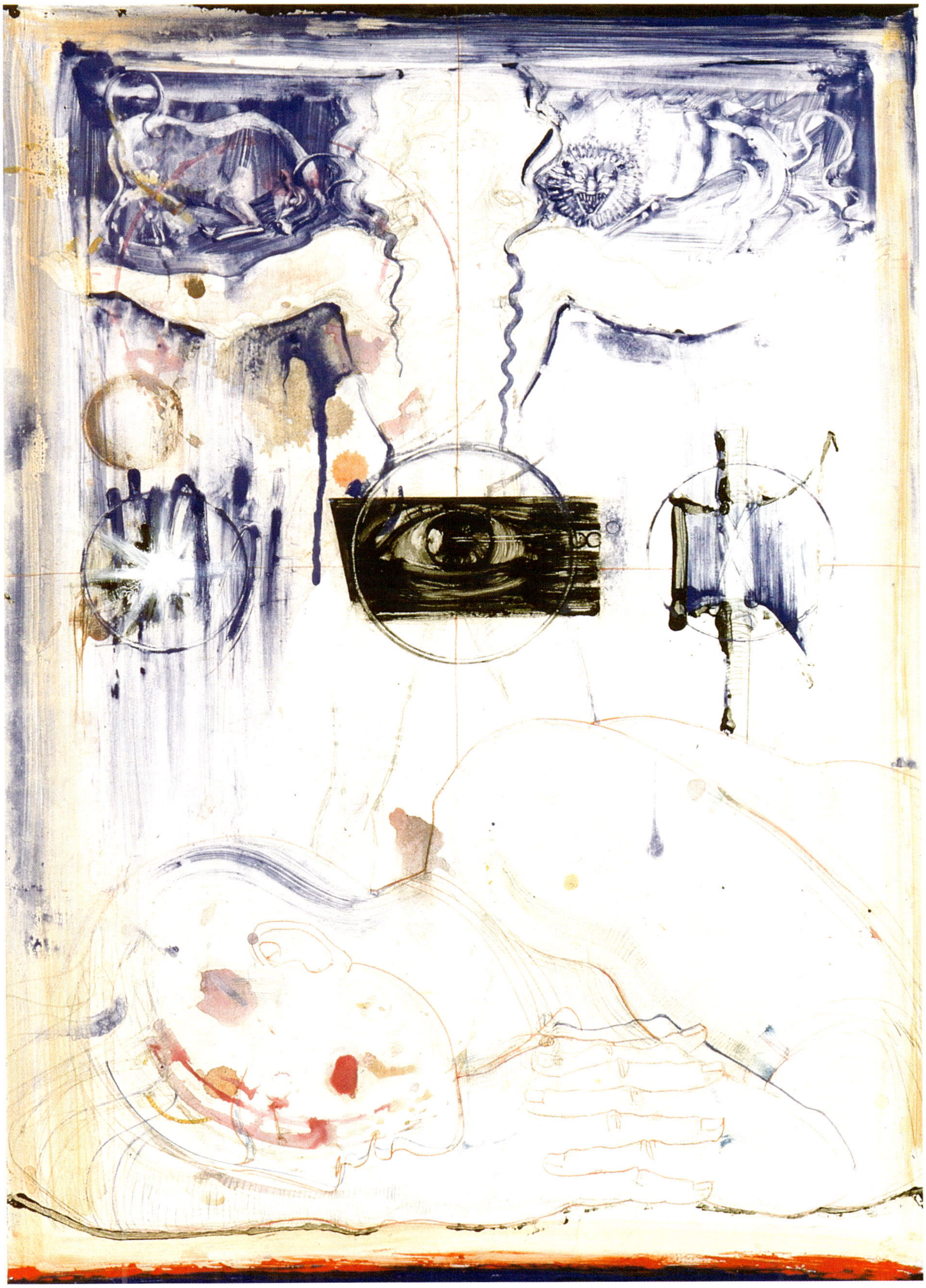

BLATT 4
*Nicht wußte Enkidu, was Brot war
und wie man es zu essen pflegt*

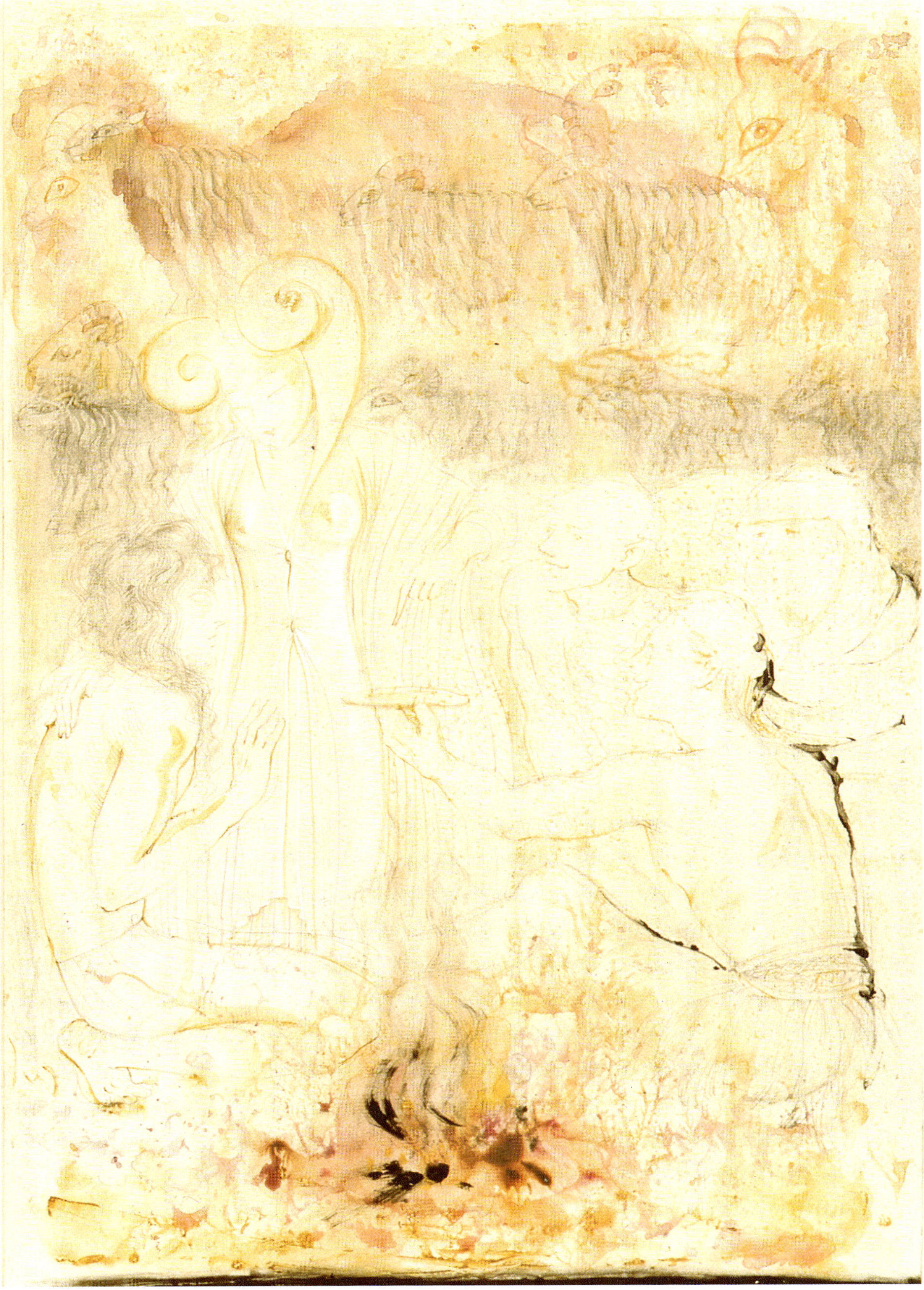

BLATT 5
... und er ließ von ihm ab

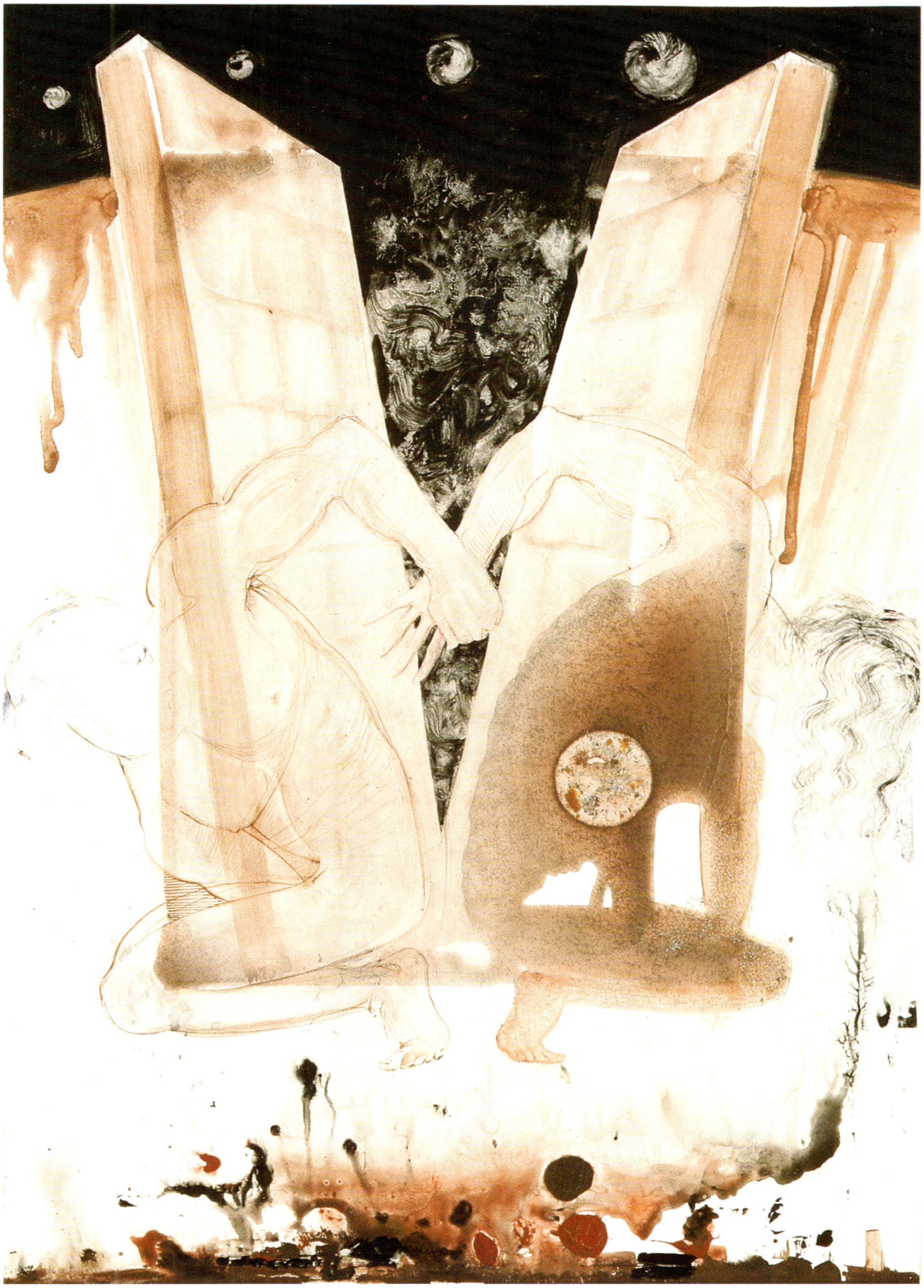

BLATT 6
Chuwawa

87

BLATT 7
Sie standen still und blickten auf den Wald

89

BLATT 8
Erschlag nun auch die Zeder, Gilgamesch

91

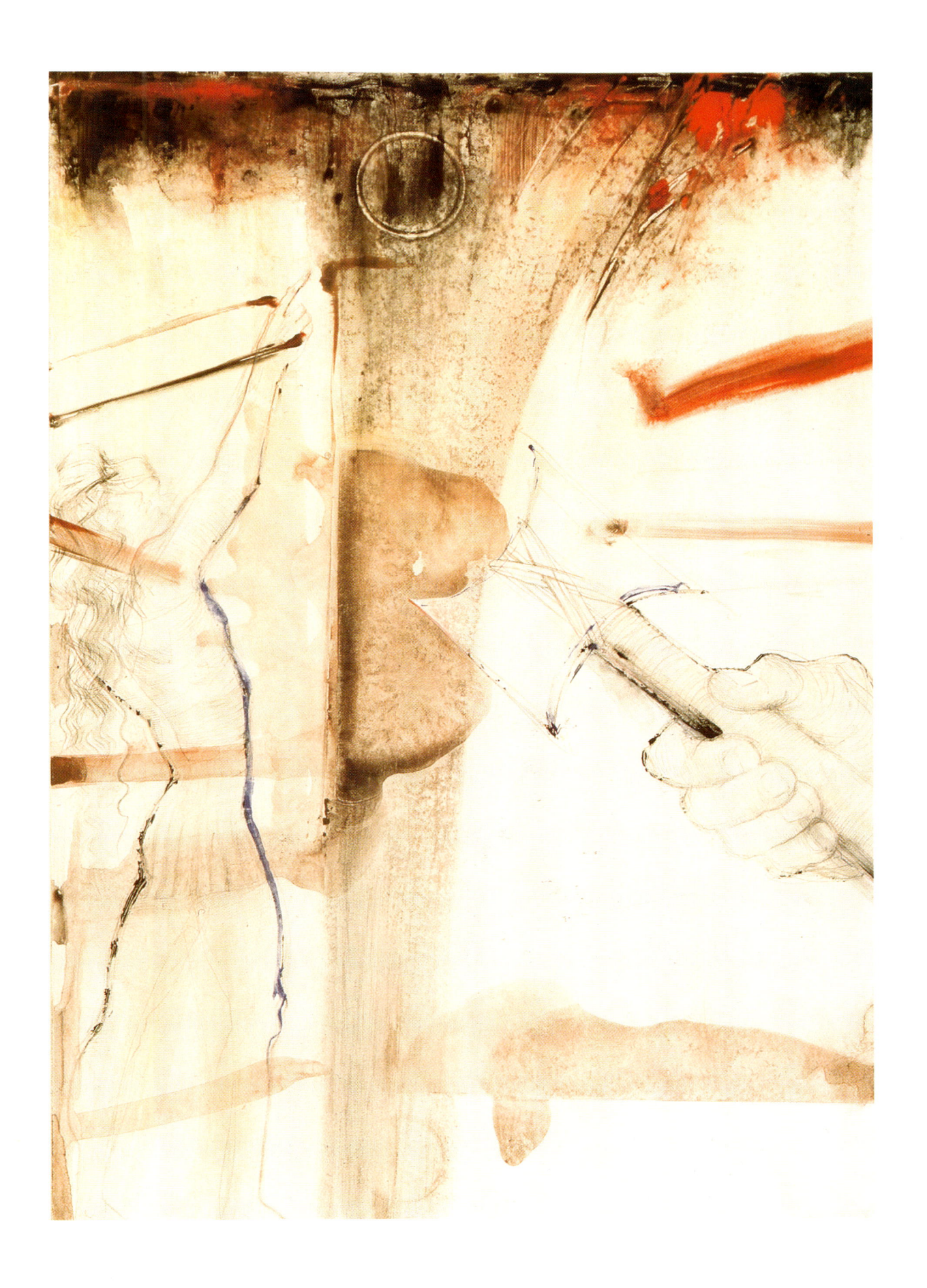

BLATT 9
Ischtar

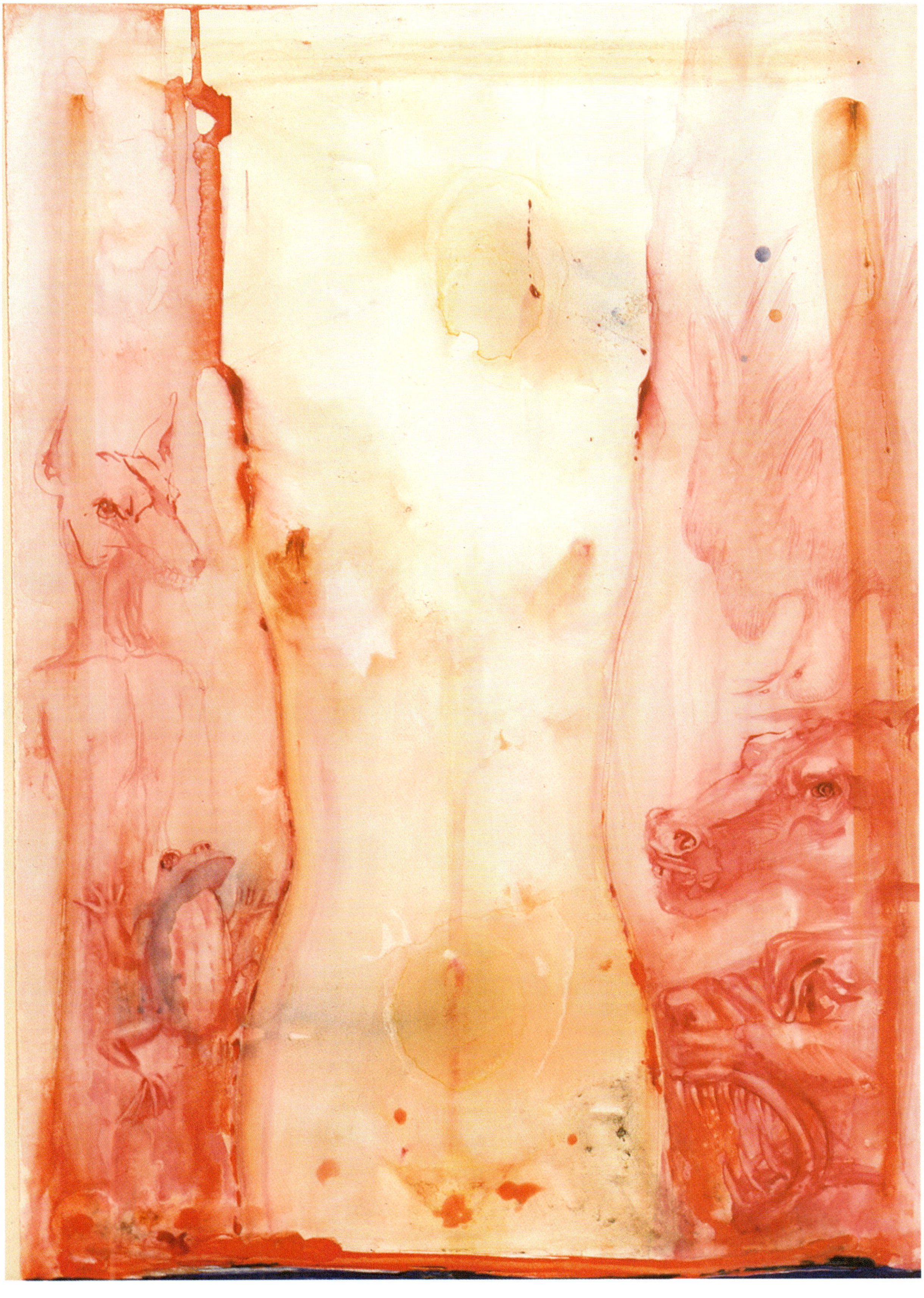

BLATT 10
Er springt voran, den Himmelsstier zu packen

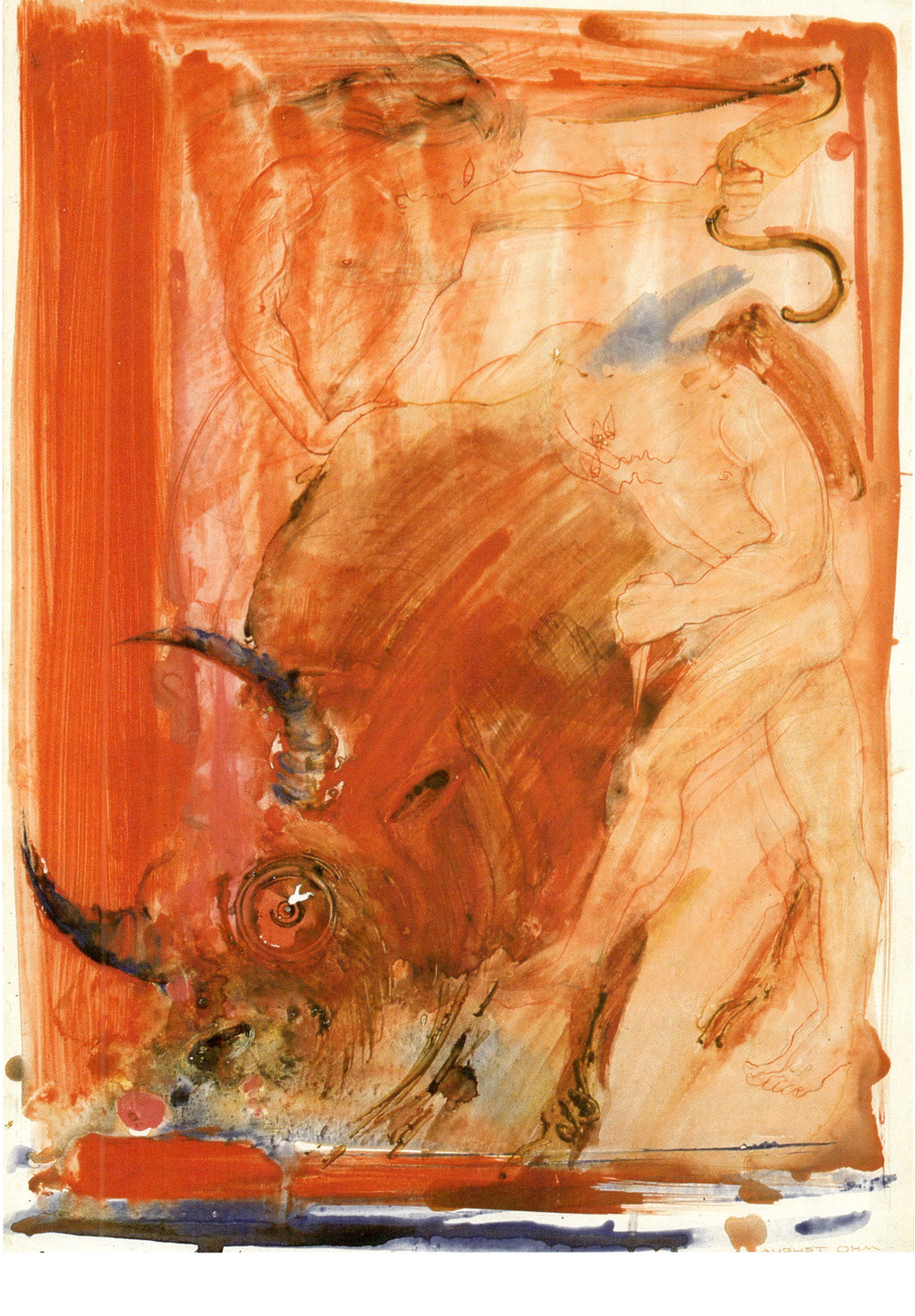
AUGUST OHM

BLATT 11
Enkidus zweiter Traum

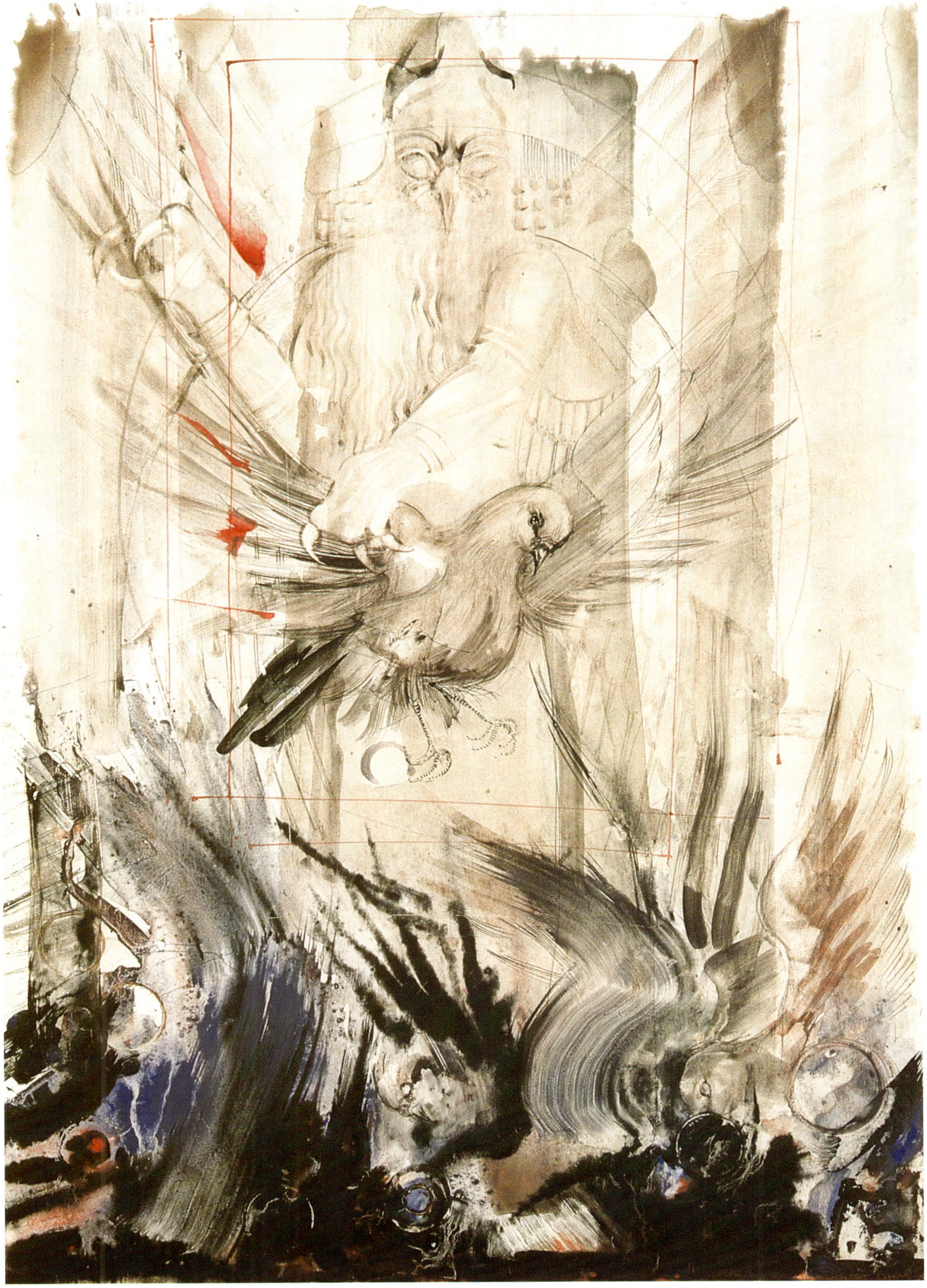

Blatt 12
Gilgameschs Trauer …
Ich war dir Vater und auch Mutter, Freund

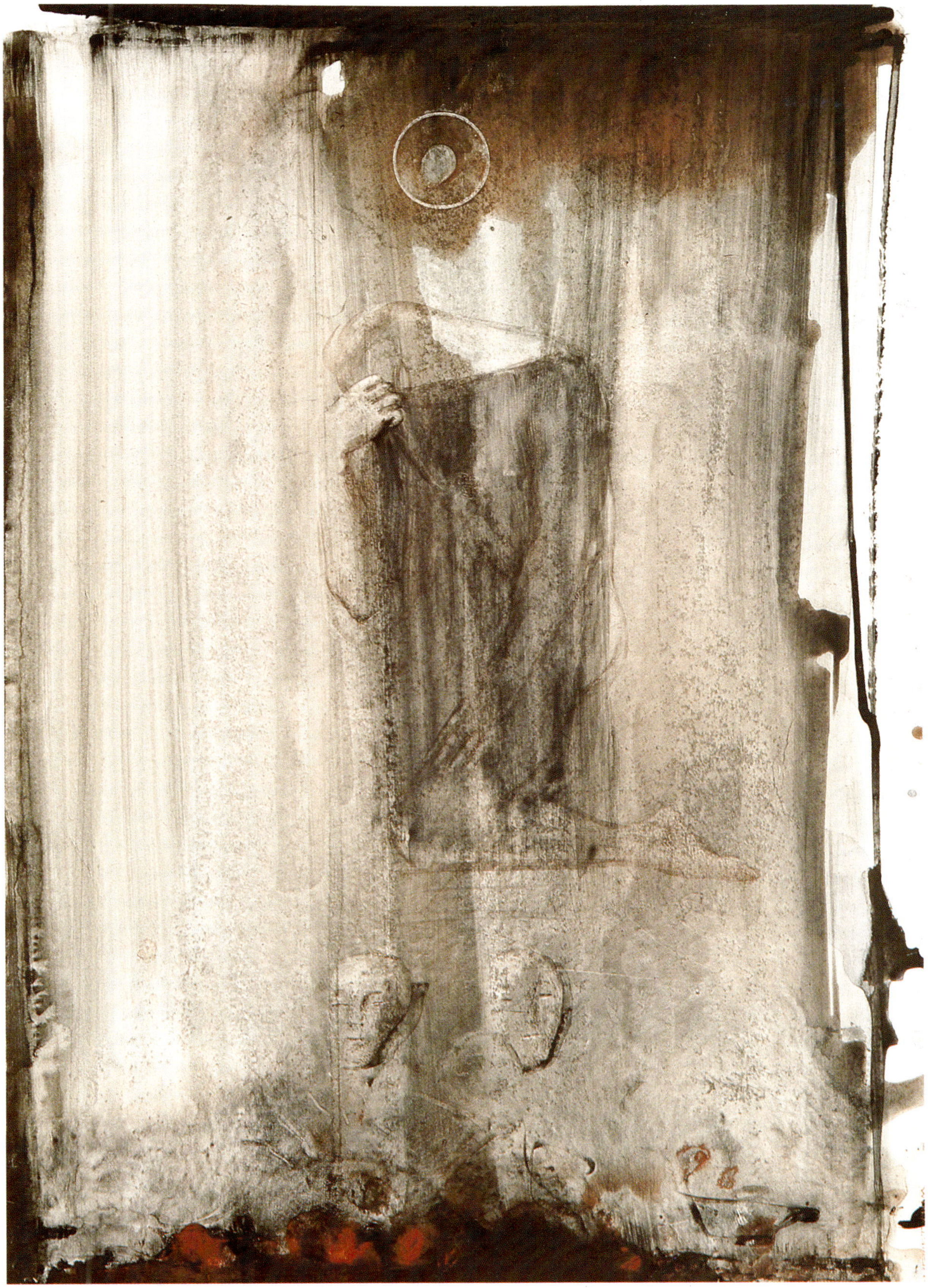

Blatt 13
Ein Abbild meines Freundes schaffe mir

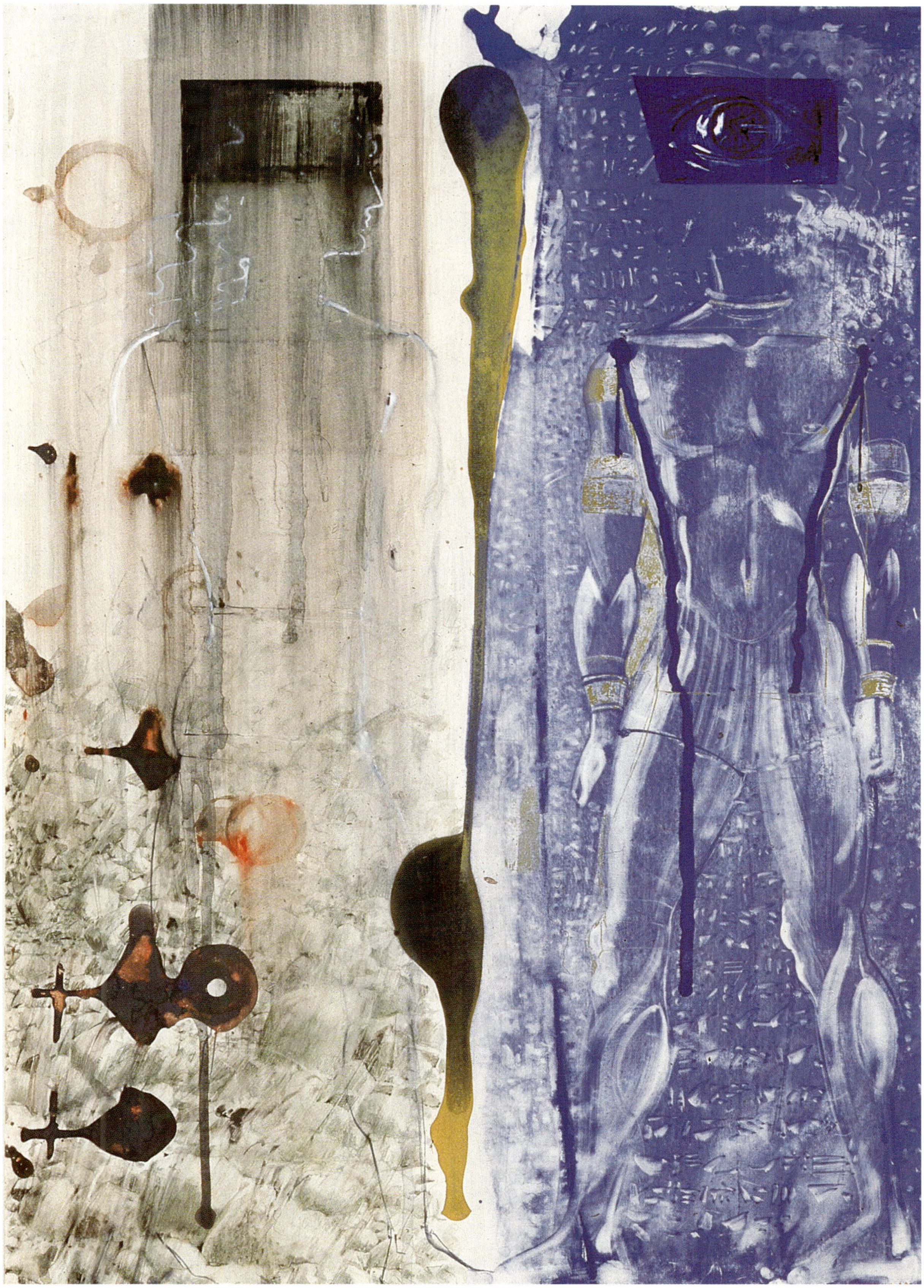

BLATT 14
Am Bergtor wachen die Skorpionenmenschen

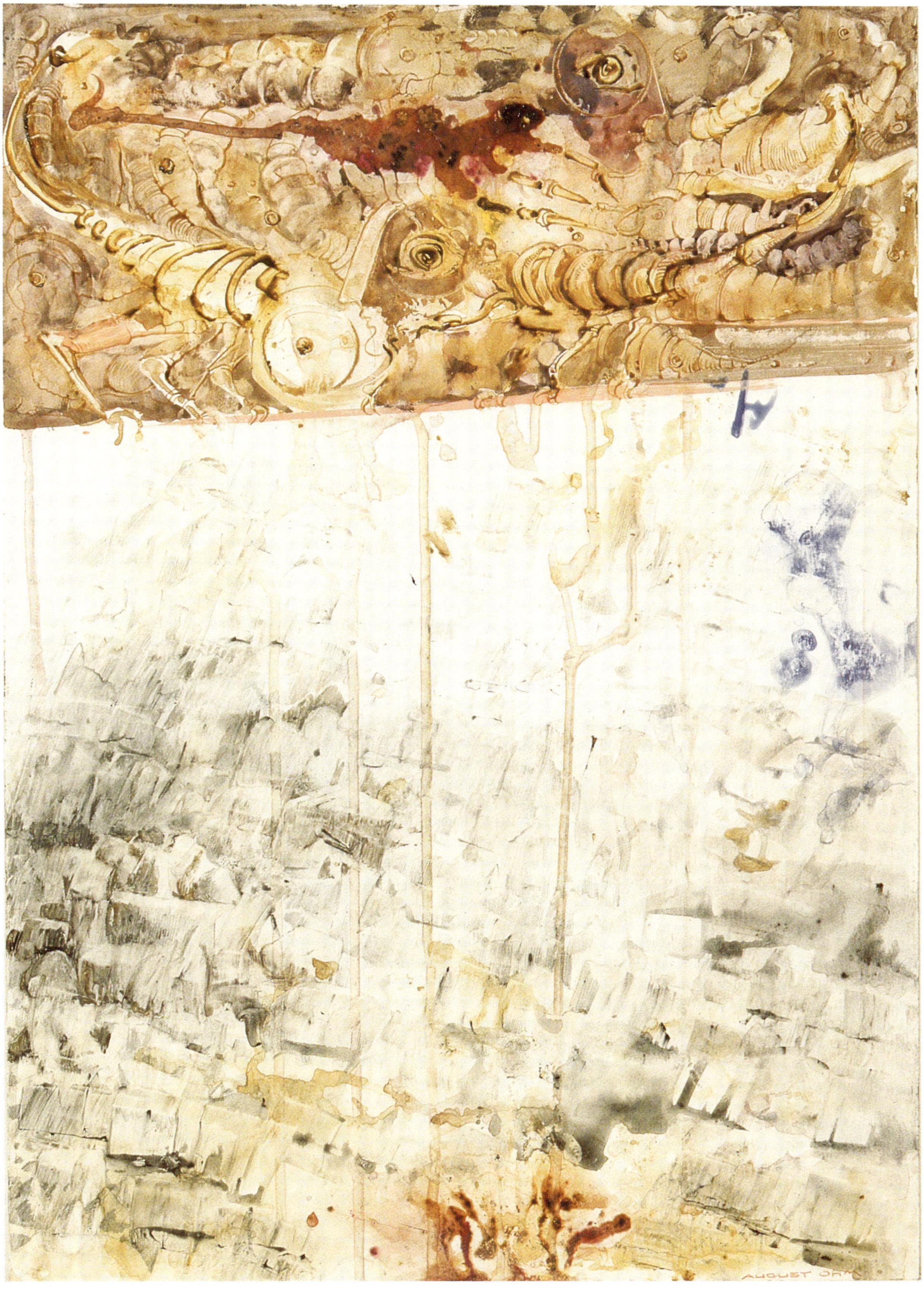

BLATT 15
Gilgamesch und Urschanabi

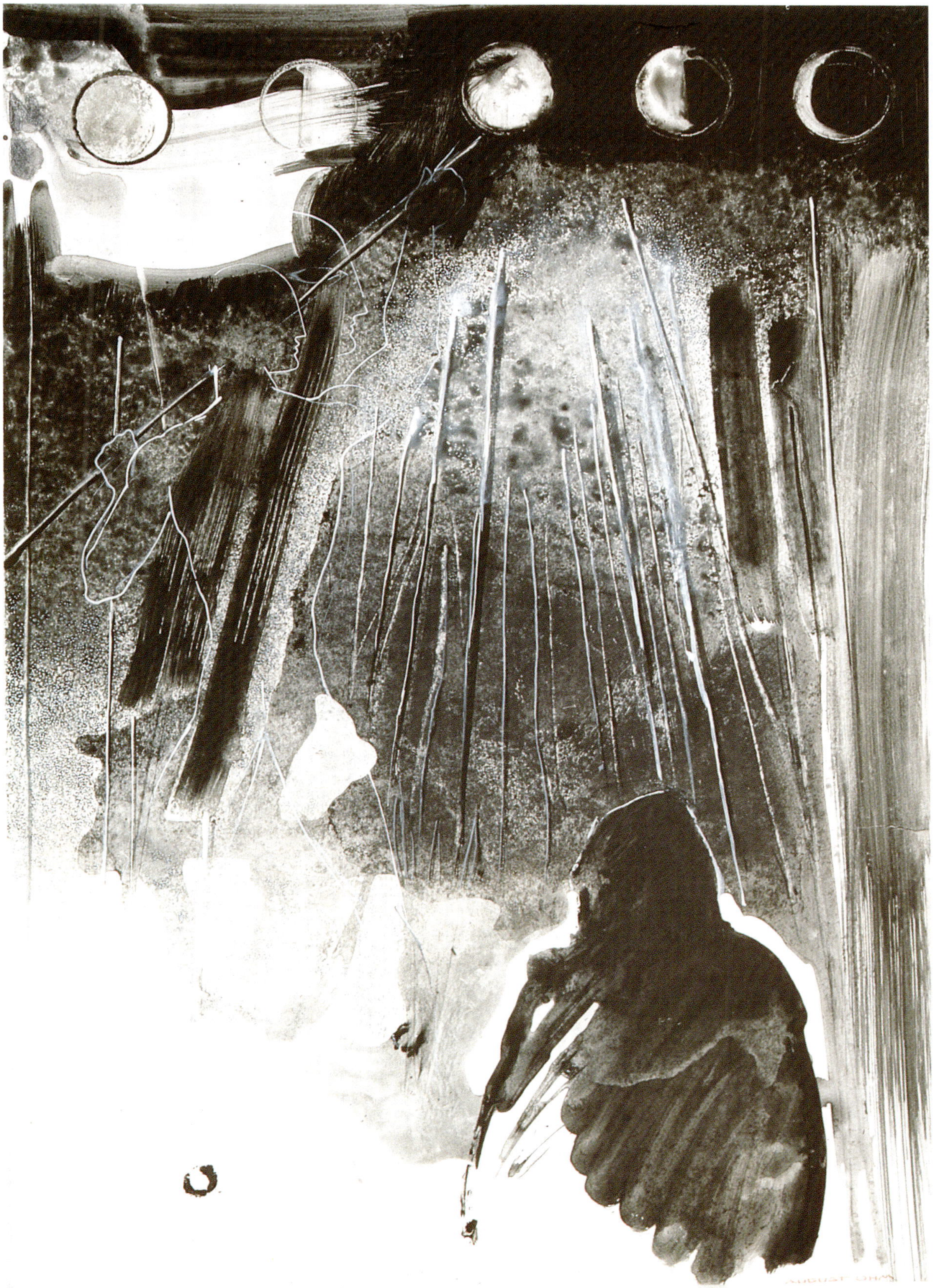

BLATT 16
Der mächtige Erra aus Utnapischtims Sintflutbericht

107

BLATT 17
Nenn mir des Hades Ordnung, die du schautest!

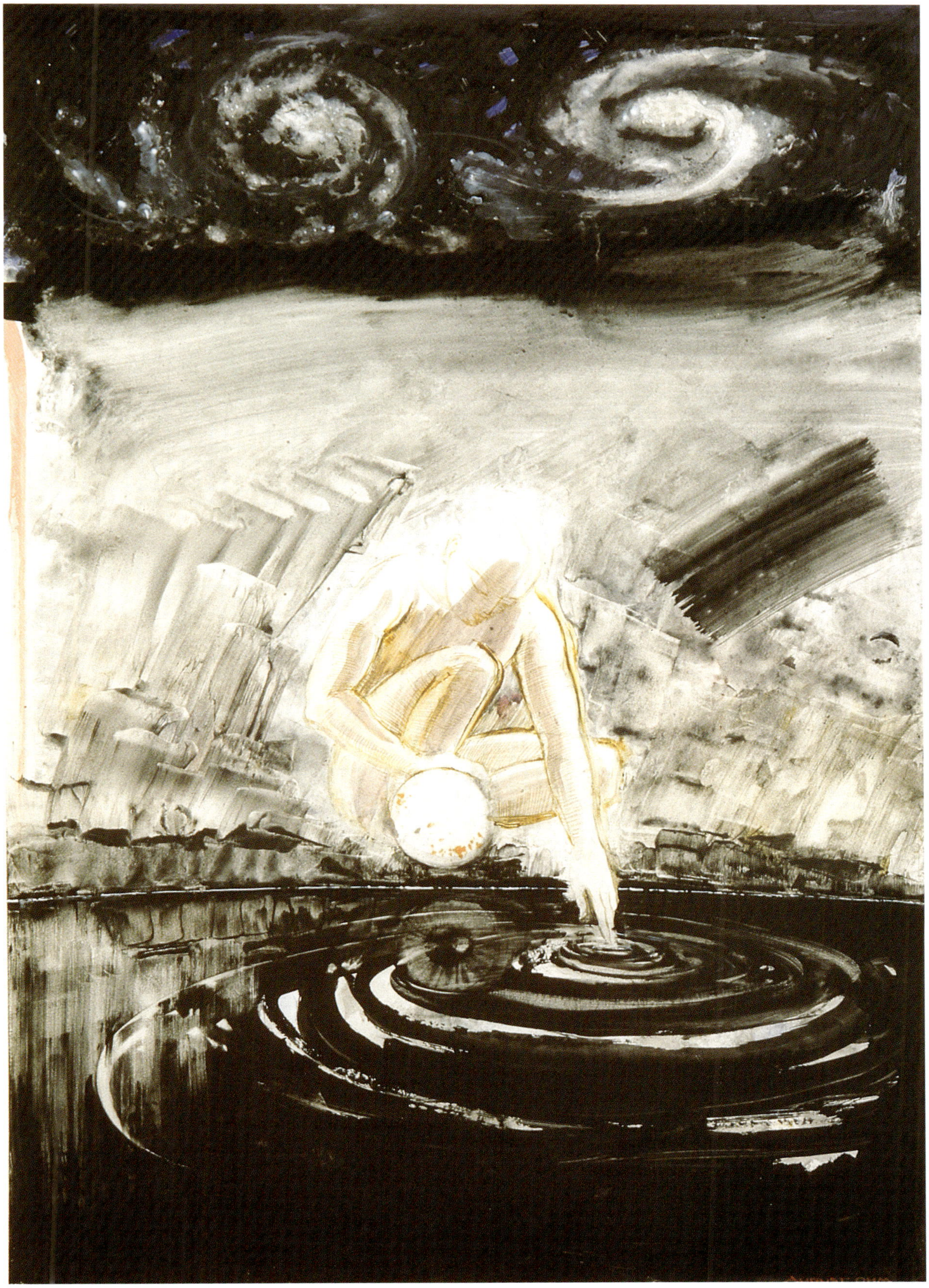

August Ohm

Biographische Notizen

1943	in Berlin geboren
ab 1945	erste künstlerische Ausbildung im Atelier des Vaters Wilhelm Ohm (Maler und Architekt)
1963	nach dem Abitur Diplomabschluß an der Werkkunstschule Hamburg; kulturgeschichtliche Studien an der Universität Hamburg und der Freien Universität Berlin
seit 1963	Bühnen- und kostümbildnerische Arbeiten für Theater und Fernsehen Aufbau einer bedeutenden kostümgeschichtlichen Sammlung als freier Maler und Zeichner in Hamburg tätig
1987	»Artist in residence« an der Oglethorpe University, Atlanta, USA zahlreiche Einzel- und Gruppenausstellungen im In- und Ausland Buchpublikationen
1993	Atelier in Florenz

Ausgewählte Einzelausstellungen

1967   Künstlerclub »die insel«, Hamburg
1969   Bauzentrum Hamburg
1969   Funkhaus Hannover
1971   Galerie Altschwager, Hamburg
1981   Galerie Klaus von Francheville, Hannover
1982   Scripps College, Claremont, Los Angeles
1985   Drammens Kunstforening, Norwegen
1987   Gilla Juette Fine Art, Atlanta, Georgia
1987   Oglethorpe University Art Gallery, Atlanta, Georgia
1989   Scripps College, Claremont, Los Angeles
1990   Katholische Akademie, Hamburg
1993   Novalis Museum, Schloß Oberwiederstedt
1994   Atelier Ohm, Florenz
1995   Atelier Ohm, Florenz